Viagem pela geografia

Êxodo rural e urbanização

Fernando Portela
Escritor e jornalista

José William Vesentini
Doutor em Geografia
Professor do Departamento de Geografia da USP

Coordenação
José William Vesentini

editora ática

Êxodo rural e urbanização

Diretor editorial	Fernando Paixão
Editora assistente	Angélica Pizzutto Pozzani
Coordenador da edição	Cândido Domingues Grangeiro
Redação de notas	Vera Emídio
Coordenadora de revisão	Ivany Picasso Batista

ARTE

Projeto gráfico da coleção	Marcos Lisboa
Editora	Suzana Laub
Editor assistente	Antonio Paulos
Ilustrações	Líbero
Editoração eletrônica	Studio 3
Pesquisa iconográfica	Sílvio Kligin
Cartografia	Maps World
Imagens de capa	Roberto Loffel / Editora Abril (avenida Paulista) Iugo Koyama / Editora Abril (Belo Horizonte) Divulgação (campo verde) Paulo Jares / Editora Abril (favela)

CIP-BRASIL. CATALOGAÇÃO NA FONTE
SINDICATO NACIONAL DOS EDITORES DE LIVROS, RJ

P877e
17.ed.

Portela, Fernando, 1943-
Êxodo rural e urbanização / Fernando Portela, José William Vesentini. - 17.ed. - São Paulo : Ática, 2004
72p. - (Viagem pela geografia)

Acompanha suplemento de atividades
ISBN 978-85-08-09230-7

1. Migração rural-urbana - Brasil. 2. Urbanização - Brasil. 3. Geografia (Ensino fundamental).I. Vesentini, José William, 1950-. II. Título. III. Série.

05-1538 CDD 307.76
CDU 316.334.56

ISBN 978 85 08 09230-7 (aluno)

CEA:223114
2020
17ª edição
15ª impressão
Impressão e acabamento:Bartira

Avenida das Nações Unidas, 7221
Pinheiros – São Paulo – SP – CEP 05425-902
Atendimento ao cliente: (0xx11) 4003-3061
www.aticascipione.com.br
atendimento@aticascipione.com.br

Sumário

Apresentação

Era dia 20 de janeiro de 2004. Faltavam apenas cinco dias para São Paulo comemorar 450 anos de fundação, quando cerca de vinte caminhões e 180 homens da polícia postaram-se à frente do edifico Almeida, na rua Ana Cintra, no centro da cidade. Foi o sinal para que os ocupantes do prédio construíssem rápido uma barricada com móveis e madeiras velhas.

A disposição era resistir à ordem de reintegração de posse. Afinal, os mais antigos ocupantes do edifício estavam ali havia cinco anos. Chegaram ao prédio, na época vazio e praticamente abandonado, sob a orientação do *Fórum dos Cortiços*, uma organização popular que luta por moradias para os mais pobres. E ocuparam os apartamentos como forma de pressionar as autoridades para solucionar um de seus mais graves problemas: a falta de moradia — direito de todo o cidadão.

Os primeiros ocupantes foram seguidos logo depois pelos integrantes do *Movimento dos Sem-Teto do Centro* (MSTC). Quando os caminhões estacionaram e os soldados chegaram, eram cerca de 97 famílias, mais de 500 pessoas. Mas não teve jeito. O proprietário do edifício fez cumprir a ordem de reintegração de posse obtida na justiça.

Sobrou como alternativa para os ocupantes abrigar-se em lugares oferecidos pela prefeitura ali mesmo na região central, enquanto não surgia solução mais definitiva para o problema. A principal reclamação deles é a falta de condições para participar dos programas de crédito para habitação, por não possuírem renda compatível com o exigido.

O problema com moradia, infelizmente, não é uma exclusividade dos ex-ocupantes do edifício Almeida; nem sequer eles são os únicos a estar mobilizados para sua solução. Trata-se de um cotidiano pertencente a muitos outros habitantes das grandes e médias cidades de nosso país.

Em julho de 2003, por exemplo, numa ação articulada por diversas associações, cerca de seis mil pessoas ocuparam quatro prédios públicos e um terreno de 200 mil m^2 na área metropolitana de São Paulo, com a mesma reivindicação: moradia para todos!

O problema da moradia vem se agravando nas grandes e médias cidades desde meados do século XX, com a intensificação do êxodo rural. E a situação é apenas um exemplo em meio a muitos outros que afetam os centros urbanos do Brasil, como o desemprego, a precariedade dos meios de transporte e a violência.

* * *

Nas páginas seguintes você irá participar deste debate e conhecer as transformações verificadas nas últimas décadas nos meios rurais e urbanos de nosso país, graças aos in-

Tonho Leitão, trabalhador do campo, acalentava o sonho de vender o sítio e ir para a cidade.

Romero, que deixou a vida de boia-fria e seguiu para a cidade com a família, era o melhor amigo de Tonho Leitão.

A luta por moradia leva os sem-tetos a invadirem e ocuparem terrenos vazios nas grandes cidades.

tensos deslocamentos populacionais. Para isso, irá acompanhar a trajetória da família de Tonho Leitão, um personagem fictício que nasceu no interior da Bahia e herdou de seu pai um pedaço de terra.

Mas, como muitos outros pequenos agricultores do interior do Brasil, teve dificuldades para manter o solo que lhe garantia o sustento. Pressionado por um latifundiário local, acabou vendendo sua propriedade e marchando para a cidade, levando consigo mulher, filhos e a mãe viúva.

A história de Tonho Leitão está ambientada em um momento crucial do passado de nosso país: o período final dos governos militares (1964-1984), quando então os movimentos populares se intensificavam, cobrando direitos suprimidos durante vinte anos de ditadura e repressão.

As cidades encontravam-se então agitadas por mobilizações, entre elas a luta de milhares de pessoas por moradia digna. É com estes sem-teto que Tonho Leitão se depara logo que chega a São Paulo. Um encontro cercado de tensões, que mostram um ponto comum entre as pessoas pobres do campo e da cidade: a luta por um pedaço de terra para garantir a sobrevivência. Boa leitura!

Brasil: principais fluxos migratórios (1970-2000)

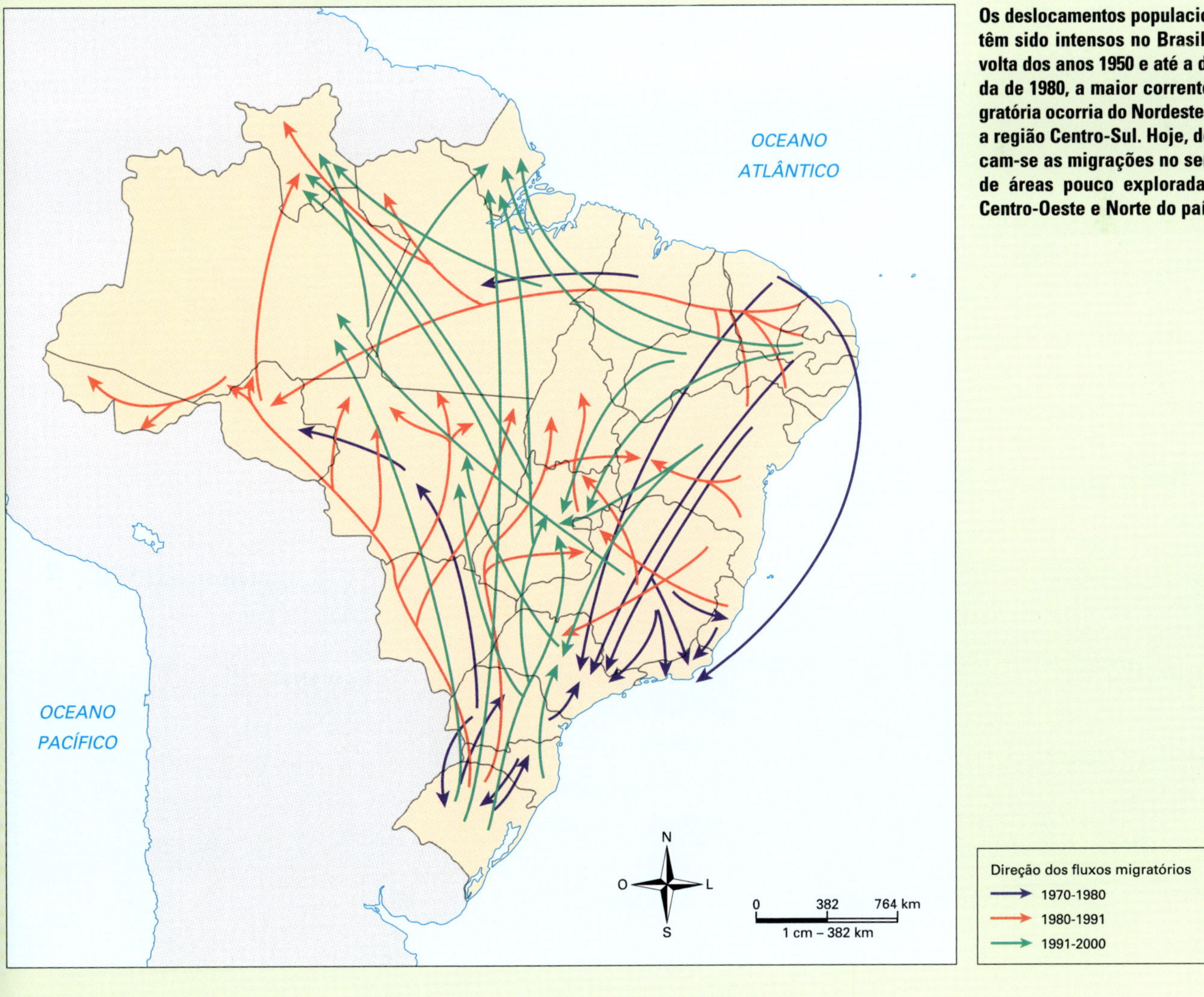

Os deslocamentos populacionais têm sido intensos no Brasil. Por volta dos anos 1950 e até a década de 1980, a maior corrente migratória ocorria do Nordeste para a região Centro-Sul. Hoje, destacam-se as migrações no sentido de áreas pouco exploradas do Centro-Oeste e Norte do país.

Antes de começar

Em 1920, 84% da população brasileira habitava o campo e apenas 16% moravam nas cidades. E mesmo essa pequena minoria dependia, em grande parte, das atividades desenvolvidas no meio rural. Passados pouco mais de oitenta anos, nos dias atuais, a situação é completamente diferente: o senso realizado pelo IBGE (Instituto Brasileiro de Geografia e Estatística), em 2000, apontou que 81,2% dos brasileiros moram nas cidades e apenas 18,8% no campo.

A mudança não é pequena. Significa que o país testemunhou nas últimas décadas um intenso deslocamento populacional. Mais do que isso: ao longo desses anos os brasileiros mudaram radicalmente de hábitos, transformaram sua cultura, sua organização social e política, suas atividades econômicas. Agora, por exemplo, ao lado dos produtos agrícolas, o Brasil exporta aviões, automóveis e muitos outros produtos industrializados.

Essas mudanças foram acompanhadas ainda pela formação de grandes cidades, áreas metropolitanas que se inserem entre as maiores do mundo, como a de São Paulo, que reúne várias cidades e cerca de 18 milhões de habitantes. Pela rapidez com que se constituíram, são espaços marcados por intensos problemas: violência, falta de moradia, trânsito, poluição, ausência de serviços públicos eficientes e capazes de atender as necessidades de seus moradores.

A principal marca destas cidades, assim como de toda sociedade brasileira, é a desigualdade social. De um lado uma minoria privilegiada, detentora de grandes riquezas e com acesso a sofisticados bens de consumo; de outro uma maioria empobrecida, obrigada a enfrentar horas de deslocamentos para poder trabalhar, quando tem trabalho; condenada a morar em locais precários, muitas vezes sem escola ou hospital nas proximidades.

E no campo o cenário não é diferente: a população migrou, mas a pobreza ainda permanece, agravada sobretudo pela concentração de terras e a falta de apoio às iniciativas do pequeno produtor. Para piorar, a mecanização, que se por

População urbana e rural no Brasil (1920-2000)

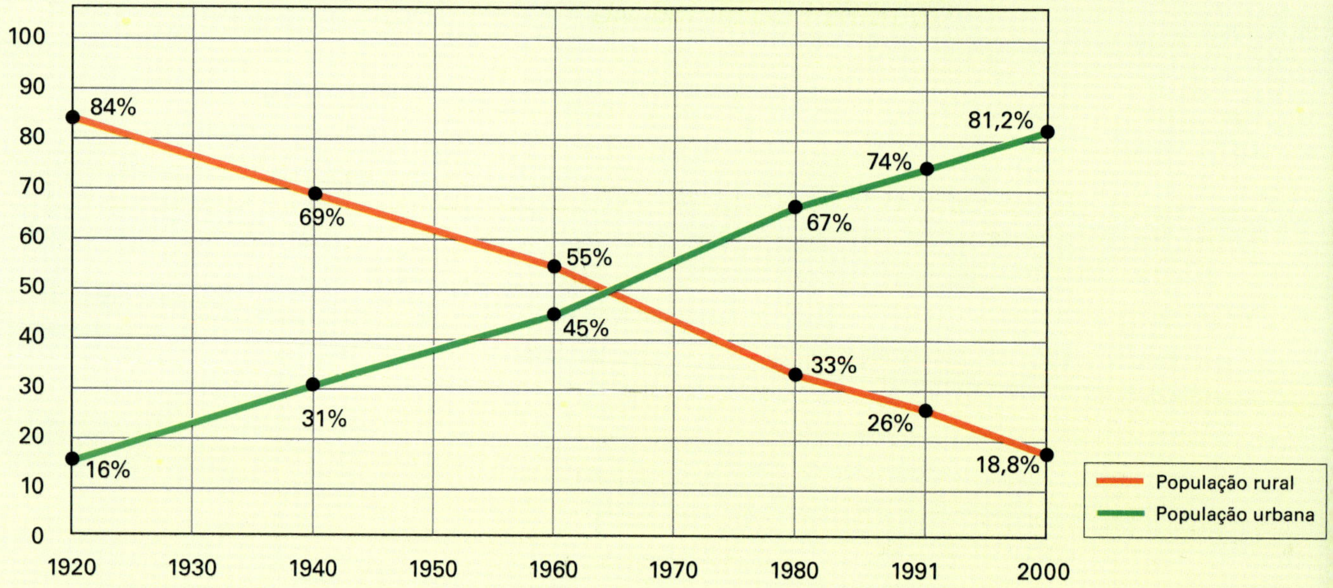

Fonte: IBGE. *Recenseamentos gerais* (1920-2000).

um lado representa o aumento da produtividade no campo, por outro retira o serviço do trabalhador rural, ampliando ainda mais os fluxos migratórios.

Êxodo rural e *urbanização*: eis aqui um binômio com o qual podemos então caracterizar as transformações da sociedade brasileira nas últimas décadas. Trata-se dos dois lados de uma mesma moeda marcada pela pobreza de muitos.

A formação das grandes cidades tem sido uma tendência que acompanha o processo de industrialização em várias partes do mundo. Aqui no Brasil, porém, esse processo acabou resultando em maior concentração de rendas. Resultado: tanto o campo como as cidades passaram a ser palco de uma brutal exclusão social.

Os cruzamentos das avenidas nas grandes cidades são o retrato perfeito deste cenário: ali, crianças que deveriam estar brincando ou estudando vivem da mendicância — implorando moedas para pessoas que têm medo de abrir o vidro do carro e serem assaltadas. Triste paisagem a de nossas cidades!

Esses são alguns dos temas a serem debatidos neste livro. Eles são de extrema importância, pois tratam diretamente da formação dos espaços geográficos atuais do Brasil. Mais do que isso: são debates fundamentais para acabar com os cenários caóticos que dominam os meios rural e urbano brasileiro; e assim construir um país mais justo e igualitário.

Jorge Araújo / Folha Imagem

Integrantes do Movimento dos Sem-Teto do Centro (MSTC) acenam de um prédio ocupado na rua Aurora, região central de São Paulo, julho de 2003.

Cidade, lugar de todos?

O MENINO QUE NÃO CHORAVA

Antônio Leitão não se lembrava de haver chorado alguma vez em toda a sua vida.

Mesmo em criança, com 6, 7 anos, quando brigava com outra criança, dos seus olhos não saíam lágrimas. Doía e como! —, o rosto de Antônio Leitão se avermelhava, ele trincava os dentes, fechava as mãos com força... E assim evitava chorar.

O choro, para ele, era o reconhecimento da fraqueza, de submissão. Tonho Leitão, como todo mundo preferia chamar, não aceitava a ideia de que alguém o dominasse. Diziam em casa que ele era tinhoso, gênio mau, espírito de porco.

— Peste ruim! gritava sua mãe, dona Edwiges. — Nem pra chorar serve!

O pai, Onofre Leitão, acreditava que essa teimosia era, na verdade, a manifestação de uma personalidade forte. Persistência. Espírito de liderança.

Mas Onofre não teve tempo de acompanhar o crescimento do filho: morreu no dia em que Tonho Leitão completou 16 anos. Saiu para colher o feijão, passou pela beira do rio, olhando a água, distraído, como sempre fazia todos os dias e... A jararaca pegou-lhe o calcanhar. Gritou tão alto que todos na casa ouviram: Tonho, a mãe Edwiges, as três irmãs menores.

Fizeram de tudo para salvar Onofre: reza, *unguento*[1] de plantas, chás diversos. Nada adiantou. Antes de morrer, Onofre chamou o filho:

— Tonho, agora você é o chefe da família... É você que vai ter de defender as mulheres. Sua mãe vai ajudar na roça, suas irmãs também. A terra é pouca, mas é da gente. Não venda ela pra ninguém...

E nem nesse dia Antônio Leitão chorou.

[1] **Unguento** – *Medicamento antigo, de uso externo, preparado à base de flores do campo e ervas, especialmente para curar feridas. Há muito tempo, sábios e bruxos afirmavam ter fórmulas secretas para preparar unguentos com a propriedade de curar quase todos os males.*

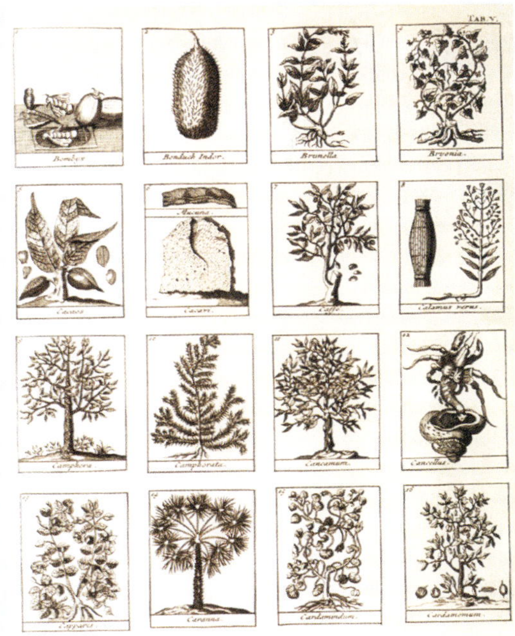

Página de um dicionário de plantas medicinais, 1752.

2 Agricultura de subsistência – *Cultivo voltado para o consumo dos próprios agricultores. Caracteriza-se pela produção em pequena escala, nem sempre suficiente para o sustento da(s) família(s) envolvida(s) no cultivo. É praticada em terrenos de pequena extensão, que têm em média de 500 a 1.000 hectares. Utiliza técnicas rudimentares, como a queimada e o uso de enxadas. O milho e o feijão, produtos básicos da alimentação do brasileiro, são típicos de cultivos de subsistência.*

André Penner / Editora Abril

Trabalho em roça de feijão, no esquema de mutirão, em Eldorado (SP), 1990.

A CIDADE, UMA ILUSÃO?

Tudo isso acontecera há vinte anos.

E, hoje, homem feito, com mulher e filhos, Tonho Leitão se preparava para contrariar o falecido pai: ia vender o sítio. A família Leitão era uma das centenas que habitavam a zona rural de Pedreira, um pequeno município baiano, onde os grandes proprietários de terra plantavam cacau, e os pequenos, *agricultura de subsistência*[2]: feijão, milho, frutas.

Tonho Leitão lembrava-se sempre daquele dia terrível, quando o pai morreu e ele não chorou. Por causa do trabalho no sítio, teve de largar a escola cedo. Por isso, hoje, era um semianalfabeto. Assinava o nome com uma letra mal desenhada e lia quase nada. Mas as três irmãs completaram o curso secundário: uma delas, a Maria, era professora primária em Pedreira, e as outras duas, casadas, tinham migrado com seus maridos e faziam pequenos trabalhos para ajudar na sobrevivência da família. Um dos cunhados era pedreiro no Rio de Janeiro. O outro teve mais sorte: trabalhava de motorista numa repartição do governo, em Salvador.

Ele e a mãe Edwiges continuaram a plantar e colher, catorze horas de trabalho ou mais por dia, com chuva ou sol. Vida muito simples, mas nunca ninguém passou fome. Tonho Leitão chegou a ajudar Armandina e Josefa, as duas irmãs, quando se casaram: enxoval completo e um dinheirinho para ajudar o começo de vida. Fez o que o pai pediu, na hora da morte. Menos uma coisa: ia vender a terra.

Não queria para sua mulher, Zenaide, nem para os três filhos, Onofre Neto, Zé e Marusa, aquela vida do campo. A família andava excitada com a perspectiva de morar numa cidade grande. Mas Edwiges, que parecia uma velhinha aos 55 anos de idade, gasta de tanto trabalhar, não concordava com a mudança, e muito menos com a venda do sítio.

— A gente é pobre, mas a gente come — ela dizia ao filho e à nora. — A gente não troca o certo pelo duvidoso!

— Ô, mãe — replicava Tonho Leitão —, você vai querer que os seus netos tenham a vida que nós tivemos, que o pai teve, metido aqui neste buraco... Trabalhando um dia atrás do outro para ganhar trocado?

— Mas a gente nunca passou fome, Tonho — ela insistia. — Depois, você vê: Aníbal, o filho de Marocas, também vendeu a terra dele, já faz cinco anos, e foi embora pra capital. Não era nem casado. Era só ele e Marocas. E o que aconteceu? Você sabe! Aníbal não arrumou emprego, Marocas ficou doente e morreu. Hoje está aí, o Aníbal, pedindo esmola em Pedreira... E nem terra tem para trabalhar! Perdeu tudo!

— Mas dona Edwiges — intervinha a nora, Zenaide —, é que Aníbal gosta mesmo é de tomar cachaça... Não deu certo porque ele não trabalhava, só bebia e fazia coisa errada. Ouvi dizer que ele gastou o dinheiro todo no jogo...

— Sei não, minha filha, sei não... A terra a gente pega, sente na mão, o tempo todo! Mas dinheiro *avoa*.

— A senhora não confia no seu filho? — apelava Tonho Leitão. — Quando o pai morreu eu não fiz tudo certo, não cuidei da senhora, mãe, não abandonei de vez a escola para trabalhar? A senhora acha que eu vou passar o resto da vida tomando cachaça feito o Aníbal?

— Confiar em você eu confio, meu filho. Eu não confio é no mundo.

Eram bate-bocas intermináveis, nesses dias que antecederam à venda do pequeno sítio de quinze *hectares*[3], que nem nome tinha. Onofre Neto, com 13 anos de idade, Zé, com 12, e Marusa, com 10, não participavam dessas discussões, e nem sequer tomavam conhecimento delas. Eles, agora, tinham o melhor dos brinquedos: o pai lhes comprara um aparelho de televisão.

— Foi esse cineminha que virou a cabeça de vocês todos! — acusava Edwiges. — Essa coisa só mostra como a cidade é boa... A cidade é boa? A cidade é um lugar de doido! Das vezes que fui até *Ilhéus*[4], quando meu marido era vivo, eu fiquei tonta com tanto barulho e tanta confusão...

— Se eu pudesse deixar a senhora aqui, eu deixava, mãe... Mas vendendo o sítio, tem de ir todo mundo...

— Acho que vou ficar naquele asilo de Pedreira...

— Mas a senhora ainda é muito moça pra viver em asilo, mãe! Depois... Acho que o asilo de Pedreira vai até fechar...

— Não é só o asilo, filho, é Pedreira toda que vai fechar... O cinema já fechou, só tem uma igreja funcionando, as outras duas também fecharam... Que tristeza...!

— E muitos comerciantes faliram! — Zenaide entrou na conversa. — Sabe o que é, dona Edwiges? Ninguém quer viver mais em lugar muito pobre, muito atrasado...

Até as pessoas mais humildes sabiam que aquela cidadezinha deveria mesmo sumir do mapa, ou se transformar numa pequena vila, no futuro. As pequenas propriedades se transformavam em *latifúndios*[5], e aqueles que vendiam suas terras aos grandes fazendeiros procuravam cidades maiores, onde pudessem trabalhar e progredir.

— Como *ninguém* quer mais viver aqui? — reagiu Edwiges. — Eu quero! Minha filha: eu não tenho mais idade pra viver de ilusão... Sabe o que o Onofre e o Zé vieram me falar um dia desses? Que, quando chegassem na cidade, a primeira coisa que iam ver era um lugar cheio de bicho... Como é o nome mesmo?

3 **Hectares** – *Unidade de medida agrária (ha) equivalente a 10.000 m^2. Propriedades de até 100 ha são consideradas pequenas; entre 100 e 1.000 ha, médias; e acima de 1.000, grandes.*

4 **Ilhéus** – *Fundada pelos portugueses, a cidade de Ilhéus era sede de uma das capitanias hereditárias do período colonial, com o nome de São Jorge dos Ilhéus. A partir do final do século XIX, tornou-se o principal centro da área produtora de cacau. Hoje, ainda rodeada por fazendas de cacau, a cidade está a 462 km da capital, Salvador, e tem uma população de pouco mais de 250 mil habitantes. A maioria vive na cidade, apesar de o município ter cerca de 90 km de praias. A cidade foi imortalizada nas obras do escritor Jorge Amado.*

Rubens Chaves

Vista de Ilhéus (BA).

5 **Latifúndio** – *Grande propriedade rural que se caracteriza pela vasta extensão de terras. É mais encontrado em países subdesenvolvidos. No Brasil – lugar de grande concentração fundiária –, muitas dessas propriedades não são cultivadas ou possuem tecnologia primitiva e baixo investimento de capital, o que resulta em baixa produtividade. A origem dos latifúndios está no sistema de distribuição de terras na época colonial (capitanias hereditárias e sesmarias); um modelo que acabou consolidado pelas legislações posteriores, como a Lei de Terras de 1850. Os latifúndios, até o fim do século XIX, caracterizaram-se pela exploração do trabalho escravo e pela monocultura voltada para o mercado externo.*

— Zoológico... — socorreu Zenaide.

— É isso... E você mesma, Zenaide, um dia me disse que queria ver os artistas de perto, que era o seu sonho, e que só podia fazer isso numa cidade grande...

— Eu quero melhorar de vida, dona Edwiges... Só isso... — Zenaide evitava discutir com a sogra.

— Todo mundo quer, menina! Mas ilusão não é melhora!

NEGÓCIO FECHADO

Há um ano essa ideia de sair do campo passava pela cabeça de Tonho Leitão. Começou quando o dr. Andrade, o maior fazendeiro de *cacau*[6] da região, bateu na sua porta uma noite. Muito simpático, até sua mão apertou. Explicou logo o que queria: estava aumentando a fazenda para plantar mais cacau e compraria aquele sítio por um bom preço.

Imediatamente, Tonho Leitão pensou no pedido do pai, e o seu impulso foi o de reagir com um *não* bem seco. Mas resolveu usar uma estratégia: diria que era uma coisa para se pensar, que um dia, quem sabe?

Dr. Andrade não se abalou. Continuou sorrindo e conversaram mais um pouco.

— Não quer nem ouvir uma proposta, seu Tonho Leitão?

— Por enquanto não precisa, dr. Andrade.

O fazendeiro não tinha boa fama entre os pequenos proprietários. É verdade que sempre pagou preço justo pela terra, mas diziam que ele forçava as pessoas a vendê-las. Com Cesário, um pequeno proprietário dali perto, aconteceu um fato revoltante. Cesário não queria vender sua terra de jeito nenhum. Mas começaram a surgir uns homens estranhos no seu sítio. Eram uns seis ou sete que entravam a cavalo e, sem dizer nada, destruíam as plantações. Gente do dr. Andrade? Cesário não podia afirmar, mas só podia ser. Deu queixa na polícia em Pedreira, e o delegado disse que não podia fazer nada. Com o tempo, Cesário, que não era de briga, vendeu a terra e foi embora para o Rio de Janeiro. Nunca mais se soube dele.

O dr. Andrade e outros grandes fazendeiros da região haviam comprado as terras de dezenas e dezenas de pequenos proprietários. E Pedreira ia encolhendo: já tivera 10 mil habitantes, mas agora perdera mais da metade. O próprio dr. Andrade e o seu pessoal deixaram até de visitar a cidadezinha, como faziam antigamente. Agora, tinham um avião que trazia e levava gente da fazenda para Ilhéus e *Salvador*[7].

6 **Cacau** – *Planta nativa da América, o cacaueiro é plantado no Brasil, mais precisamente no sul do estado da Bahia, desde o século XVI. Mas foi somente a partir do século XIX que se difundiu como lavoura comercial; a partir de então o Brasil se tornou o primeiro produtor mundial. Do final do século XIX às primeiras décadas do século XX, o sul da Bahia conheceu a época áurea da cultura cacaueira, que ficou conhecida como ciclo do cacau e trouxe grande desenvolvimento econômico, político e sociocultural à região. Posteriormente, o Brasil viria a perder o lugar de maior produtor para países africanos – condição recuperada a partir da década de 1970, graças às técnicas de cultivo mais aprimoradas.*

Juca Martins / Pulsar

Trabalhadores em cultivo de cacau, Ilhéus (BA).

7 **Salvador** – *Fundada em 29 de março de 1549, Salvador foi a primeira capital da colônia portuguesa na América. Sua localização estratégica no litoral brasileiro, bem na entrada da baía de Todos os Santos, foi o fator determinante para ser escolhida como capital da colônia até 1763. Tem uma arquitetura semelhante à das cidades portuguesas. Sua região metropolitana é constituída de dez municípios e uma população de 3.018.285 habitantes. É uma das cidades mais importantes do Nordeste.*

O fazendeiro também comprara muitas máquinas novas. Estava cada vez mais rico.

Tonho Leitão raciocinou: se eu resistir, ele vai aumentar o preço da terra. E se ele mandar *jagunço*[8] para destruir as plantações, eu atiro! Não sou parecido com Cesário!

E não deu outra. Um mês depois, um bando montado entrou correndo no sítio, assustando as crianças que se preparavam para ir à escola rural, a dois quilômetros dali. Tonho Leitão correu para casa, trancou os filhos, junto com a mãe e a mulher, pegou a espingarda e começou a atirar. Os jagunços, que não esperavam aquele tipo de resposta, saíram dali tão rápido como entraram.

Nesse mesmo dia, Tonho Leitão pegou o cavalo e foi procurar o dr. Andrade na fazenda. Ele não estava. Mas Joca, o *capataz*[9], que Tonho conhecia de vista, veio atender.

— Já que ele não está — disse ao capataz — quero deixar um recado...

— Pois não, seu Tonho Leitão...

— Diga que dinheiro pode até me tirar da minha terra, mas jagunço não tira...

Joca, surpreso, não respondeu. Tonho Leitão virou as costas e partiu. Agora era tudo ou nada. Ou morria na mão dos jagunços, num momento de distração, ou recebia um bom preço pelo sítio.

Como era muito precavido, resolveu visitar também o delegado, o dr. Raimundo:

[8] **Jagunço** – *O mesmo que capanga; indivíduo considerado valente e que se coloca a serviço de quem lhe paga, dando proteção e muitas vezes fazendo o trabalho sujo para seu patrão, como coagir opositores.*

Robson Fracarolli / Folha Imagem

Jagunço vigia propriedade rural ameaçada de ser ocupada por militantes da reforma agrária, Paranavaí (PR), 2003.

[9] **Capataz** – *Nome dado, em geral, ao administrador de grandes propriedades rurais que chefia um grupo organizado de trabalhadores.*

— Olhe, doutor, só vim dizer uma coisa: atacaram a minha terra, como fizeram com Cesário. Mas eu não sou Cesário, tenho boa pontaria e da próxima vez não vou errar.

O delegado também não teve condição de retrucar. Apenas disse que quem atira em legítima defesa não é preso.

Tonho Leitão ainda decidiu levar pessoalmente os filhos à escola, e buscá-los, todos os dias. E até à mulher ensinou a atirar com uma outra arma — um revólver —, que comprou na ocasião. Disse a ela:

— Quem entrar no sítio, sem se anunciar, pode mandar bala!

— Será que eu vou conseguir, Tonho Leitão?

— Atirar você já sabe... É só a coragem de apertar... Na hora do perigo, até a mãe aperta o gatilho... — o marido riu.

O problema maior de Tonho Leitão, agora, era o preço do sítio. Apesar do seu jeito fechado, sério, toda vez que ia até a cidade vender seus produtos, conversava com as duas pessoas que ele considerava as mais sábias deste mundo: seu Gracindo, o dono da mercearia, e seu Jeremias, gerente do Banco do Brasil, onde ele tinha conta. Gracindo dava conselhos gerais sobre a vida, e Jeremias sabia tudo de dinheiro.

Foi Gracindo, por exemplo, quem o convenceu a seguir para a cidade grande.

"Quando o dr. Andrade tiver todas as terras deste lugar", disse-lhe certa vez, "você não vai conseguir ficar sozinho, feito uma ilha, no meio da grande fazenda... Aí, mesmo que não forcem você a sair, você vai querer sair... Daqui a pouco, esta cidade desaparecerá do mapa, e você não vai ter nem a quem vender seus feijões e seus milhos... Tem jeito não, Tonho Leitão: você vai ter de ir embora... você é moço... Eu não: antes de a cidade acabar, eu já estou morando no cemitério...". Gracindo estava com 78 anos.

Jeremias, o gerente, que era bem moço, já acertara tudo com Tonho Leitão: logo que ele resolvesse a venda do sítio, em definitivo, transferiria o dinheiro para a cidade que ele escolhesse. Jeremias aconselhava Ilhéus. Era uma cidade média, que oferecia alguns empregos. Se Tonho Leitão soubesse ler e escrever um pouco mais... Poderia até conseguir uma vaga de zelador de um prédio, ou de guarda de segurança... Mas com aquela assinatura torta, e conhecendo apenas as quatro operações, ele só conseguiria mesmo um lugar de ajudante de pedreiro... Mas era um começo.

Um dia, o dr. Andrade mandou seu capataz Joca procurar Tonho Leitão. Joca chegou num domingo, dizendo que vinha em paz.

— Nunca duvidei da sua paz, seu Joca... — respondeu-lhe Tonho Leitão.

— Pelo que o senhor me falou, quem entrasse aqui levava bala...

— Só jagunço. E a cavalo. Capataz, não — riu Tonho. Mas o outro continuou sério:

— Qual é o seu preço pelo sítio? Dr. Andrade mandou perguntar.

— Bote o seu primeiro.

Depois de algum tempo, Joca falou um número. E Tonho Leitão:

— Bote o dobro em cima disso!

Mais um tempo e o capataz balançou a cabeça:

— Está feito.

Tudo como Jeremias lhe havia dito: "Eles vão dar o preço, você põe o dobro em cima e eles acertam".

Tonho Leitão e o capataz conversavam na entrada da casa, sentados nos bancos toscos de madeira. Em pé, atrás da porta, Edwiges e Zenaide ouviam tudo. Cada uma torcia por um desfecho da conversa. Quando Tonho Leitão acertou, Edwiges pôs a mão na cabeça:

— Nossa Senhora do Perpétuo Socorro! — ela exclamou. — Começou a minha desgraça!

ENTRANDO NO SONHO

Pelas conversas que tivera, durante aquele último ano, com Gracindo e Jeremias, além das suas próprias observações, Tonho Leitão concluíra que só havia umas poucas saídas para um pequeno proprietário que vende a sua terra: virar *boia-fria*[10] e trabalhar até para o homem que lhe comprou a terra; aplicar o dinheiro da venda em algum negócio na cidade, e assim multiplicar o capital; ou guardar o dinheiro em caderneta de poupança, à espera de uma boa aplicação; enquanto isso, arrumar um emprego.

Gracindo, o dono da mercearia, conhecia muitas histórias reais de pessoas, e famílias inteiras, que caíram numa daquelas alternativas.

Havia gente, como Aníbal, que perdeu todo o dinheiro com jogo e bebida; havia alguns casos de ex-sitiantes que investiram o capital em algum negócio malfeito, ou foram enganados por vigaristas; alguns desses, hoje, moravam na favela. Havia os que tinham virado bandidos... Mas esses morreram nas mãos da polícia. E havia até quem aplicara bem o capital e enriquecera.

Gracindo gostava de contar a história de um tal Zé Fulô, assim chamado por causa do seu estranho hábito de presentear as pessoas com uma flor, mesmo as desconhecidas.

Zé Fulô vendeu o seu pequeno sítio e, com mulher e oito filhos, se mudou para Salvador. Pôs o dinheiro na caderneta de poupança e,

10 **Boia-fria** – *Trabalhador que mora na periferia das cidades e se desloca diariamente para a propriedade rural para executar determinada tarefa sob empreitada. Para trabalhar, por exemplo, no plantio ou na colheita. Não tem vínculo empregatício e geralmente recebe no fim do dia pelo serviço prestado.*

Nani Góis / Editora Abril

Boia-fria estuda no intervalo do trabalho em uma plantação de algodão.

11 Féria – *Quantia diária recebida por um trabalho prestado.*

como era semianalfabeto, tentou conseguir um emprego muito simples. Conheceu um sujeito que lhe ensinou a engraxar sapatos. E até lhe ofereceu sociedade. O sujeito fornecia a caixinha de engraxate, com o material necessário. Zé Fulô trabalhava e, no fim do dia, dividia a *féria*[11], meio a meio.

Mas o ex-agricultor não queria ser empregado e preferia trabalhar sem sócios. Retirou da poupança o suficiente para comprar o material. E em vez de procurar as praças e outros locais movimentados da cidade, onde já havia muitos engraxates, inventou uma maneira melhor de ganhar dinheiro. Chegava nos prédios de apartamentos, entregava uma flor ao zelador, e se apresentava assim:

— Eu sou Zé o Fulô e vim aqui engraxar todos os sapatos do prédio! Por favor, avise ao pessoal que eu sou o melhor engraxate de Salvador!

Muita gente gostou da ideia, inclusive porque o preço era bom e o trabalho, benfeito. Assim, Zé Fulô trabalhava no prédio o dia inteiro, sem parar, e ganhava muito mais do que os seus colegas que esperavam freguês na rua. Com pouco tempo estava conhecido e já possuía empregados que visitavam dezenas de prédios da cidade. Os empregados ganhavam salário. E Zé Fulô é quem recebia o dinheiro.

Com o tempo, o empreendedor foi multiplicando o seu capital. Do negócio de engraxate, que já estava fraco, por causa do aparecimento de graxas líquidas no mercado — muito práticas, dispensavam pano e escova —, ele passou a controlar uma empresa de carrinhos de pipoca. Hoje, possui vários restaurantes populares em Salvador.

A história de Zé Fulô, contada por Gracindo, deixava Tonho Leitão embevecido. Tonho chegou a pedir a Gracindo que lhe arrumasse o endereço de Zé Fulô na capital, porque desejava conhecê-lo, um dia. Mas Gracindo não se lembrava mais do nome da cadeia de restaurantes do ex-agricultor, hoje milionário.

"Que sujeito inteligente!", pensava Tonho Leitão. "Do nada virou um homem rico."

E quando partiu definitivamente de Pedreira, carregando mãe, mulher, três filhos e poucas malas, Tonho Leitão repetiu para si mesmo, várias vezes, a história de Zé Fulô. Mas, como não se achava tão inteligente, decidiu guardar o dinheiro na poupança e arrumar um emprego, antes de se aventurar com um negócio próprio.

* * *

De Pedreira a Ilhéus eram duas horas de viagem de ônibus, com muitas paradas. Tonho Leitão já estivera em Ilhéus algumas vezes, primeiro acompanhando a mãe, que precisava de um médico especialista para um problema de coluna. Zenaide, que era filha de um pequeno comerciante de Pedreira, visitara Ilhéus ao lado dos pais, quando criança, mas somente para conhecer o mar, que era o seu maior sonho. E os pequenos Onofre Neto, Zé e Marusa jamais haviam saído de Pedreira. Mas, até para os adultos, era como se fosse a primeira vez.

Para as crianças, a viagem transformara-se numa aventura indescritível. Todas as imagens que viam na televisão, imaginavam, deveriam surgir, ao vivo, no momento da chegada a Ilhéus. O único senão da viagem era o próprio televisor: Tonho Leitão o vendera, porque não queria levar muito traste para a nova vida. "Mas as crianças já estavam tão acostumadas...", queixava-se Zenaide, que sentiu a perda, mas deu razão ao marido. "Televisor não é mala, para se carregar de um lado para outro", consolou-se.

Zenaide, na verdade, era uma das mais excitadas com essa viagem. Nos seus sonhos mais íntimos, inconfessáveis, a mulher de Tonho Leitão queria ser, num primeiro momento, manicure para ajudar o marido; depois, maquiadora de artistas, para o seu deleite pessoal. Zenaide, no entanto, não guardava muitas esperanças de que Tonho Leitão a deixasse trabalhar fora de casa. Mas Ilhéus — diziam — mudava a cabeça das pessoas... Quem sabe?

Edwiges seguia muda no ônibus, com os olhos cheios de lágrimas, viajando como quem vai ao encontro da morte. Para ela, as cidades eram depósitos de mortos-vivos, de pessoas que corriam, trabalhavam e brigavam sem que houvesse algum sentido para tudo isso. Ela só entendia a produção do campo: preparar a terra, semear, cultivar, colher. Isso sim era um trabalho digno, e bom de fazer! Para Edwiges, todos os habitantes das cidades eram mais ou menos desonestos. Se não plantavam nem colhiam, como conseguiam ganhar dinheiro?

Quando o ônibus passou próximo ao mar, as crianças se deslumbraram, e até Edwiges olhou, curiosa. Prédios, máquinas, gritos, visões, cheiros e ruídos que jamais foram ouvidos no mato. Gente de roupa colorida, gente parecendo muito alegre ou muito triste, como os mendigos pelas calçadas, os bêbados jogados nos cantos de muro...

Lojas tocando música num volume ensurdecedor, automóveis buzinando, e todos muito, muito agitados...

"Te prepara, Tonho Leitão", ele disse para si mesmo. "Agora, sim, é que vamos ver se você é macho..."

PRIMEIRAS IMPRESSÕES

Logo que desceu na rodoviária, a família foi acossada por vendedores de todos os tipos, gente que gritava e se empurrava. Ofereciam bolas, cata-ventos, sorvetes, amendoins e outros brinquedos e comidas; tentavam vender colchas rendadas às mulheres; e bilhetes de loteria, corridas de táxi, revistas, joias de vidro a Tonho Leitão. Uma loucura.

Marusa e Zé, assustados, não conseguiam se mexer; mas Onofre Neto, parecido com o pai, reagiu empurrando os vendedores que chegavam muito perto. Edwiges pôs as mãos nos ouvidos, Zenaide sorria, constrangida, e Tonho Leitão, depois de muito dizer "não quero" aos vendedores, perdeu a paciência:

— Para com isso! Para com isso! Ou atiro em vocês todos!

Ele berrou com tanta convicção que os vendedores se afastaram, mudos, e o movimento vizinho parou por completo. As pessoas ficaram olhando para aquele caipira, muito vermelho, olhando como uma fera para os que o importunavam.

Um homem de botas, muito alto, que viu toda a cena, resolveu aproximar-se.

— Você é macho assim mesmo, caboclo? — perguntou o homem sorridente.

— Duvida que você tem a prova! — respondeu Tonho Leitão rispidamente.

— Calma, calma, considerado... *Tô* brincando, *pô*... É que a gente anda precisando de homem nessa cidade. Homem, macho mesmo, é a mercadoria que mais falta em Ilhéus... — disse isso e soltou uma gargalhada. Tonho Leitão continuava sem achar graça em nada:

— O que é que você quer? — perguntou ao homem alto, em tom de desafio.

O sujeito ficou sério de repente:

— Seguinte: *tamos* precisando de cabra-macho assim como você para tomar conta de boate... Paga-se o salário...

— Bota o dobro em cima que a gente pode conversar... — respondeu Tonho Leitão. — Mas agora, não. Agora vou arrumar um canto pro meu pessoal...

* * *

A pensão, ali bem perto da rodoviária, era pobre, mas confortável, e as crianças ficaram deslumbradas com o tamanho do televisor na sala. Tonho Leitão, no entanto, não gostou muito das caras que apareciam na pensão: mulheres muito pintadas, homens bêbados, e, na rua, ouviam-se muitos gritos e palavrões. Mas o preço parecia bom. Naquele começo, economizar era obrigatório.

Tonho Leitão alugou dois quartos: um para o casal, e outro para Edwiges e as crianças. Edwiges o preocupava. Desde que entrou na cidade, parou de conversar. Perdeu até a vontade de discutir. Muda, com o olhar perdido, não aceitara o jantar do dia, preferindo beber uma xícara de café com bolacha seca. Mas Tonho Leitão tinha outras coisas com que se preocupar. Apenas fez um pedido a Edwiges:

— Mãe, tenha um pouco de paciência... logo que a gente puder, a gente vai morar longe dessa barulheira aqui... Eu só preciso arrumar um trabalho, primeiro.

O sujeito alto, de botas, que se chamava Carlindo, havia dado um endereço não muito longe dali. Era num prédio antigo, de dois andares.

Tonho bateu numa porta de pintura descascada, onde não havia nada escrito. Será que era ali mesmo? Mas foi o próprio Carlindo que atendeu.

— Olha aí — disse ele com seu jeito debochado —, o machão!

Tonho Leitão não respondeu.

— Pode entrar, machão, a casa é sua...

Lá dentro, havia dois homens, que, pelo jeito, também procuravam emprego. O escritório de Carlindo era apenas uma mesa velha com algumas cadeiras em volta.

— Que firma é essa? — perguntou Tonho Leitão ao homem alto.

— Empresa de segurança — respondeu Carlindo. — A gente dá segurança pra quem precisa. Eu quero você pra tomar conta de porta de boate, à noite. Mas só pago salário.

— Quero o dobro — disse Tonho Leitão secamente.

— Então, nada feito, considerado.

Tonho Leitão teve vontade de aceitar, mas resolveu esperar um pouco. "Então, adeus", disse ao homem alto, que respondeu "tchau" e voltou-lhe a costa, para conversar com os outros dois, que apenas observavam, com um ar desanimado.

Tonho desceu as escadas e, nessa manhã, com menos de 24 horas na cidade grande, que nem era tão grande assim, resolveu observá-la melhor. Ali, no centro, o povo parecia muito infeliz. Não tinha espaço para andar, um esbarrava no outro; todos pareciam correr, como se estivessem sempre atrasados. Tonho Leitão teve a impressão de que aquela multidão de camelôs, que oferecia de tudo, de óculos brilhantes a camisetas e sapatos, não conseguia vender muita coisa. Viu um engraxate — e logo se lembrou de Zé Fulô — sentado no chão, ao lado da sua cadeira. Ninguém sequer olhava para ele.

Edwiges talvez tivesse razão: o dinheiro ganho na cidade grande devia ser meio desonesto, porque plantava-se muito pouco para colher. Estava perdido nesses pensamentos, quando um homem, por trás dele, falou alguma coisa.

— O que é? — reagiu meio desconfiado e zangado, como sempre, mas logo reconheceu o homem: era um dos que estavam no escritório de Carlindo, esperando alguma coisa.

— Eu também não acertei — disse o homem. Acho um salário muito baixo...

Ele se chamava Romero e, por algum motivo, Tonho Leitão sentiu que podia confiar nele. Sua história era muito parecida: estava ali há um mês, vindo do campo, onde trabalhava como boia-fria. Trouxera mulher e dois filhos, que se arrumavam na casa de um parente, na *periferia*[12]. A grande diferença é que Tonho passaria por rico, diante do outro. Em compensação, o ex-boia-fria parecia mais experiente.

— Esse negócio aí do Carlindo, de ser *leão de chácara*[13], também não é coisa muito legal, não — disse Romero. — Ele não assina *Carteira de Trabalho*[14], não dá treinamento, nem nada. Se a polícia pega você com uma arma, você é preso.

— Mas aí você conta que está trabalhando pro Carlindo... — disse Tonho, ingenuamente.

— Não ia adiantar, sorriu Romero. — Ele deve ter amigos na polícia... E como você iria provar sua ligação com Carlindo?

12 Periferia – *Em uma cidade, é a região mais afastada do centro urbano, onde em geral vivem as pessoas de baixa renda. Também chamada de subúrbio, caracteriza-se, muitas vezes, por ser uma área sem infraestrutura e carente de serviços urbanos. Nas grandes cidades, atualmente, algumas dessas áreas distantes têm abrigado condomínios de luxo. Eles são procurados por pessoas que desejam isolar-se dos problemas urbanos.*

13 Leão de chácara – *Nome dado em geral para pessoa encarregada da vigilância e manutenção da ordem em casas de diversão.*

14 Carteira de Trabalho – *Documento que comprova a relação de emprego do trabalhador com a empresa, garantindo-lhe os direitos reconhecidos pela Justiça do Trabalho. A Carteira de Trabalho foi instituída em 1932 no Brasil, durante o governo do presidente Getúlio Vargas. Na época, surgiu como um instrumento de controle dos trabalhadores, fortemente organizados em sindicatos.*

Evelson de Freitas / Folha Imagem

Trabalhadores levantam a Carteira de Trabalho em cerimônia da Igreja Católica, em São Paulo, durante missa no Primeiro de Maio.

Por meio de Romero, Tonho Leitão começou a descobrir um mundo complicado, onde os assaltantes, policiais e traficantes viviam misturados, convivendo entre si. E tudo isso acontecia numa cidade média, ou até pequena se comparada a *São Paulo e Rio de Janeiro*[15].

— Já pensou em São Paulo...? — perguntou Romero. — A minha vontade é de ir para lá, um dia... Se é para arriscar, por que não arriscar num lugar melhor? E maior?

Tonho Leitão pensava em São Paulo e Rio como se fossem dois países estrangeiros, inacessíveis para gente simples como ele. A frase de Romero, no entanto, calou fundo. "Se é para arriscar, por que não..."

Voltou para a pensão, com um novo sonho na cabeça.

ENFIM, UMA BOA NOTÍCIA

Um mês e meio em Ilhéus, e nada de emprego.

Edwiges continuava muda, e só saía do quarto para ir ao banheiro do corredor, ou olhar o movimento da rua, nos finais de tarde.

Zenaide andava nervosa. Ali, presa, o dia inteiro, e proibida pelo marido de sair à rua. Numa das vezes que se aventurou, logo nos primeiros dias de Ilhéus, se perdeu pelo bairro. Na pensão, ficara amiga da Tica, cujo marido era vendedor e passava a maior parte do tempo fora. Tica, uma morena muito bonita, de olhos verdes, vendia produtos de beleza, de casa em casa, e só voltava para a pensão no começo da noite.

Tica prometeu a Zenaide que lhe conseguiria uma vaga de vendedora, desde que ela comprasse umas roupas mais modernas. Zenaide foi falar com Tonho Leitão, que nem quis tocar no assunto.

15 **São Paulo e Rio de Janeiro** – *São as duas metrópoles globais do Brasil, às quais, hierarquicamente, estão subordinadas as demais cidades brasileiras (veja Síntese Geográfica). Segundo o IBGE, o eixo Rio de Janeiro-São Paulo forma uma aglomeração urbana, que constitui o Complexo Metropolitano do Sudeste. Entre essas duas áreas metropolitanas concentram-se mais de 30 milhões de pessoas, cerca de 30% da população brasileira.*

16 **Acarajé** – *Bolinho da culinária afro-baiana, feito de massa de feijão-fradinho e frito em azeite de dendê.*

Wagner Santos / Kino

Vendedora de acarajé.

17 **Patrimônio** – *Conjunto de bens de uma pessoa ou de uma empresa.*

— Mulher minha é em casa. Você já sabe disso faz tempo.

As crianças viviam o dia inteiro diante da televisão, ou brincando de qualquer coisa pelos velhos corredores da pensão. Não havia outras crianças ali. Apenas uma vez, junto com Romero, que se transformara num amigo, e os seus dois filhos, Tonho levou seu pessoal ao circo. Durante dias, Onofre Neto, Zé e Marusa falaram de palhaços, domadores e equilibristas, maravilhados.

Tonho Leitão tentara de tudo: uma vaga de servente de pedreiro, ou vigia, até carregador. Mas, agora, nem salário queriam pagar. Na sua cabeça teimosa, ele pensava assim: "Se eu aceito um emprego qualquer, me acostumo e aí não acerto mais o passo". Não faltou quem lhe oferecesse sociedade: para dividir ponto de camelô, carrinho de sorvete, fritura de *acarajé*[16]. Mas Tonho não tinha coragem, ainda, de arriscar o seu *patrimônio*[17].

Ele andava irritado e desanimado quando, uma noite, Romero apareceu na pensão. Os olhos muito abertos, ao mesmo tempo alegre e assustado.

— Consegui, Tonho, consegui!

— O que, Romero?

— Quatro salários...

— Quatro!? Onde? Está brincando, homem...

— Aí é que *tá* o problema, Tonho... É em São Paulo...

— Não é pra fazer coisa errada, né, Romero?

— Não, rapaz. É segurança, é pra trabalhar como vigia de terreno... Depois os homens lá explicam... Eu dei o seu nome lá... Mas se você não quiser...

Tonho Leitão não perdeu tempo. No outro dia estava lá. Esta sim, era uma empresa. Chamava-se *Muralha*, treinava pessoal, assinava carteira de vigia e dava uma arma...

— A lei não permite porte de arma, por enquanto... — disse o recrutador.

— Mas a gente dá uma arma, que não está registrada. Se tiver algum problema, tem gente nossa na polícia que quebra o galho...

"Ah", pensou Tonho, "chega de proibições... Por que não posso usar arma? Não mexi com arma a vida inteira, no mato? Vou deixar de pegar esse emprego por causa de lei?"

E havia, ainda, outras vantagens. A companhia arrumava um lugar para a família morar por algum tempo, até o novo empregado achar uma casa. E dava um mês adiantado para quem topasse, além de pagar o equivalente a três passagens de ônibus para São Paulo.

— Eu aceito! — disse Tonho Leitão. — E se for para assinar, assino já.

Aproximou-se do recrutador:

— Só que tem uma coisa: se não cumprirem todo o trato aí, eu volto a Ilhéus só para lhe pegar!

* * *

Nem Edwiges reclamou desta vez.

— Pra onde você quiser ir, meu filho, eu tenho de ir atrás... Mas se você arrumar um asilo pra mim, eu prefiro — ela disse, com sua voz monótona, sem emoção.

Já Zenaide ficou um pouco assustada com a perspectiva de ir para São Paulo, mas estava ali para obedecer, ajudar o marido. Quanto às crianças, tudo ainda era uma festa. Sobretudo porque, na nova viagem, teriam os filhos de Romero como companhia.

— Mas em São Paulo a gente vai voltar a ter uma televisão, não é, pai? — perguntou o Zé, que jamais se acostumara com a perda do televisor.

— Vai, meu filho... Em São Paulo a gente vai ter uma vida boa...

* * *

E, realmente, parecia que aquela fase ruim na vida dos Leitão estava prestes a se encerrar. A viagem, numa paisagem que ia mais e mais se esverdeando, à medida que o ônibus se aproximava de São Paulo, foi alegre e tranquila. Até Edwiges, a cada dia mais esquisita, interessou-se pelas terras cultivadas e os pastos de Minas Gerais e de São Paulo. "Meu Deus!", ela dizia, "como essa terra é verde! E como dá de tudo!".

Zenaide, junto com Janaína, mulher de Romero, fazia planos para elas e as crianças. Agora, tudo daria certo: os maridos estavam com emprego garantido.

Talvez por isso, por se sentirem seguros, o impacto da cidade de São Paulo sobre as duas famílias não foi o mais violento. Aquele lugar parecia Ilhéus aumentada trezentas vezes! Até as crianças notaram que não havia árvores na cidade, que elas haviam sido substituídas pelo cimento, e que, se as pessoas em Ilhéus andavam muito depressa, aqui elas simplesmente corriam. O ar, além de mais frio, muito mais frio, tinha um cheiro estranho. E alguma coisa fazia mal aos olhos, que ardiam sem parar.

— Isso é a tal de poluição de que falam tanto na televisão — explicou Romero.

Mas foi olhando essa cidade violenta e fria, antes de o ônibus chegar à rodoviária, que Tonho Leitão disse a si mesmo: "São Paulo é o *meu* lugar, a cidade onde eu deveria ter nascido".

Observando as fábricas, as nuvens cinzentas no céu, o asfalto e os milhares de automóveis, ônibus, caminhões e de vez em quando um helicóptero cortando o ar sujo, e aquele barulho constante, surdo quase sempre, às vezes interrompido por um ruído agudo de sirene, Tonho Leitão teve a impressão absurda de que já conhecia a cidade louca. Coisa estranha! Falou da sensação para Romero.

— É por causa da sua vontade de vencer na vida, Tonho! — respondeu Romero, na falta de uma frase melhor.

Na rodoviária, um homem esperava por eles. Identificou-se, chamava-se Sérgio. Iria levá-los a um casarão, onde já havia famílias de futuros seguranças, vindas de outros estados do Brasil.

Todos couberam na Kombi que Sérgio trouxe. O rapaz — devia ter uns 22 anos — não era de muitas palavras, mas Romero sabia puxar conversa.

— Por que é que estão pegando tantos seguranças fora de São Paulo? — perguntou. — Aqui não tem gente que sirva para esse emprego?

— Não sei — disse secamente o rapaz. — Eu só sei dirigir Kombi.

UM EMPREGO PERIGOSO

Já havia três famílias no casarão: duas eram do Espírito Santo e uma outra de Pernambuco. Todos numa situação parecida, a maioria de ex-boias-frias. A exceção era a família pernambucana, que, como Tonho Leitão, fora obrigada a vender suas terras.

— Amanhã — disse o motorista Sérgio — eu venho buscar vocês para começar o treinamento... sete da manhã estou aqui. Tem uma cozinheira no casarão. Não se preocupem com comida. E tem um televisor na sala para vocês se distraírem.

À noite, depois do banho, ouvindo o ronco da cidade de São Paulo que não parava, e experimentando, pela primeira vez, uma temperatura tão baixa, os dois homens conversaram. Tonho Leitão estava ainda mais preocupado com a mãe, que agora tossia à noite e parecia cada vez mais velha. Mas Romero tentava adivinhar o futuro.

— Será que a gente fez bem, Tonho? Em aceitar esse emprego?

— E qual foi a outra coisa que apareceu, homem? — Nada mais.

— Só que esse negócio de segurança... Usar arma...

— Ô, Romero, você está com medo é desta cidade, não é?

— É, *tô* com medo, sim. São Paulo é grande demais...

— Eu também tenho medo, Romero. Mas vou lhe dizer: é um medo que dá vontade de enfrentar! De ir pra frente!

Romero olhou para o amigo, assustado. Tonho Leitão parecia meio fora de si.

— Deus te ouça, Tonho... Deus te ouça... Você ouviu quando eu perguntei ao tal do Sérgio por que eles estavam pegando pessoal fora de São Paulo? É que eu acho que em São Paulo ninguém quer ser segurança por quatro salários mínimos!

— Sabe, Romero, você pensa demais — retrucou Tonho, de mau humor. — Pra mim, quatro salários dão pra começar...

— É que em São Paulo, meu amigo, quatro salários são o mesmo que um, lá em Ilhéus... Aqui tudo é muito longe e muito caro...

* * *

O treinamento era apenas um teste para ver se eles sabiam atirar. Sabiam. E tinham boa pontaria. Fernandes, instrutor da empresa, era um cabo da Polícia Militar fazendo um bico ali, para complementar o salário.

— É — disse Fernandes —, de pontaria vocês estão bem. Agora vamos ver como funcionam na prática...

— E o que é que tem de fazer? Só vigiar terreno? — Romero era curioso.

— Vocês vão saber, agora — disse Fernandes. — A gente vai dar uma volta por aí.

Os três homens, num carro da companhia, correram uma boa parte da cidade, durante o dia inteiro.

Fernandes foi mostrando as *terras ociosas*[18] de São Paulo: terrenos imensos, não só nas periferias, mas até nos bairros centrais, que apenas serviam à especulação imobiliária. Ou seja, os proprietários não estavam interessados em construir nada sobre eles. Serviam unicamente como negócio. Com o tempo, os terrenos de uma cidade grande vão se valorizando cada vez mais. Os dois futuros seguranças ficaram chocados.

— A gente pensava — disse Romero — que não havia tantos lugares assim desertos em São Paulo...

18 **Terras ociosas** – *Nas cidades, terras ociosas são aquelas que seus proprietários não ocupam, esperando valorização. O ato é chamado de especulação imobiliária e os governos procuram combater aumentando os impostos das áreas desocupadas. No campo, terras improdutivas são aquelas de domínio público ou particular em que não se desenvolve nenhuma atividade agropecuária, nenhuma atividade extrativa, não há reserva natural, indígena etc. São terras que não cumprem sua função social e, por isso, estão sujeitas à desapropriação para efeito de reforma agrária.*

Edison Vara / Editora Abril

Fazenda considerada improdutiva pelo governo, Vacaria (RS).

— Pensando um burro morreu — respondeu Fernandes. — Olha aqui, baiano: metade da cidade está vazia... Esses terrenos valem muito dinheiro... E pouca gente tem dinheiro pra comprar...

— E quem não pode comprar, como é que faz? — insistia Romero.

— *Cê* gosta de perguntar, não, baiano? Quem não tem dinheiro e quer terra, invade! E quem é segurança, como você vai ser, não deixa invadir! E se o invasor insistir, bala nele. — Fernandes estava meio irritado.

— ... E se você mata alguém, passa o resto da vida na cadeia! — completou Romero. E, nesse momento, Fernandes mudou o tom de voz.

— Não é bem assim, *né*, baiano? A função do segurança é impedir a invasão, e assustar os invasores. Sei lá como é que vocês vão fazer isso... Cada um tem seu estilo! Eu, por exemplo, dou tiro pra cima...

Tonho Leitão, que até o momento não dera uma palavra, pôs a mão com firmeza no ombro de Fernandes. E garantiu:

— Comigo a companhia pode contar! Terreno que eu tomar conta, ninguém invade!

* * *

O trabalho começou dois dias depois. Antes, os dois homens precisavam resolver alguns problemas. Como a transferência de dinheiro de Ilhéus para São Paulo. Tonho Leitão ainda não havia se acostumado com essa história de dinheiro viajar, e ele guardou apenas um papelzinho de prova que o dinheiro era seu. Mas estava tudo certo. Romero, que já estava mal de dinheiro, ainda hesitava em iniciar no novo emprego.

— Agora, homem — disse-lhe Tonho Leitão —, você não pode voltar atrás... Os patrões já lhe pagaram até adiantado... Como você vai devolver?

— É mesmo, Tonho... É que... Sei lá... Esse negócio pode ser meio perigoso...

— Deixe de ser frouxo, homem! Vamos trabalhar!

De volta ao casarão, eles receberam uma má notícia das mulheres: com o dinheiro que eles haviam calculado para o aluguel, só se conseguia barraco na favela ou algum quarto em cortiço. Uma casinha de dois salários por mês só se encontrava fora da cidade, ou em certas periferias ainda muito desabitadas.

Os dois, que passaram a tarde olhando os terrenos vazios e as favelas de São Paulo, decidiram então que, por algum tempo, as duas famílias morariam juntas, num local mais próximo possível da companhia, que ficava no centrão da cidade.

— Você tinha razão — disse Tonho Leitão a Romero. — Salário mínimo em São Paulo vale muito menos do que em Ilhéus...

Mas eles ainda contavam com quase um mês de prazo, morando no casarão alugado pela companhia. As duas mulheres teriam tempo de achar um lugar para morar.

No dia seguinte, os dois se apresentaram às sete da manhã na Muralha. Fernandes explicou o esquema de trabalho: o pessoal de coordenação saía com a Kombi distribuindo os seguranças pelos terrenos, de manhã cedo, e os recolhia à tarde. Cada um levava sua marmita. A companhia oferecia as panelas de marmita, mas não a comida. Por volta das cinco da tarde, o pessoal ia sendo recolhido. À noite, era uma outra empresa que cuidava da segurança.

Os dois amigos somaram-se a um grupo de oito seguranças que protegiam um enorme terreno no bairro de São Miguel Paulista, na periferia de São Paulo. Eles se espalhavam, equidistantes, pela linha divisória, atentos a qualquer movimento ou ruído.

Nessa época, os ocupantes de terrenos andavam muito ativos na cidade. A situação econômica do país era péssima, a *inflação*[19] comia os salários, e os aluguéis estavam cada vez mais caros. Alguns partidos políticos lideravam os grupos de ocupantes — ou de *sem-teto*[20], como eles mesmos se intitulavam — para entrar nos terrenos aparentemente abandonados da cidade.

19 **Inflação** – *Aumento constante dos preços em geral, que resulta na perda do poder aquisitivo da moeda.*

20 **Sem-teto** – *Trabalhadores urbanos condenados à miséria, que não conseguem o necessário para a moradia e o sustento da sua família. São os moradores de cortiços que dividem quartos minúsculos na região central; os favelados ameaçados de expulsão pelo poder público; os donos de casas em loteamentos clandestinos, sem água, luz ou esgoto; os habitantes da periferia que já não conseguem pagar o aluguel. Existem 6,5 milhões de famílias sem-teto no Brasil. Desses, 1,2 milhão têm renda de até três salários mínimos.*

Carlos Casaes / Agência A tarde

Integrantes do Movimento dos Sem-Teto durante passeata em Salvador (BA), 2003.

Numa dessas ocupações, meses antes, a Polícia Militar feriu gravemente algumas das pessoas do movimento. A situação andava tensa. O governo do estado prometia casas populares para os mais pobres, mas nunca cumpria suas promessas. Já a prefeitura prometia expulsar as pessoas de algumas favelas e casarões antigos. As promessas eram cumpridas.

* * *

Com o passar dos dias, Tonho Leitão e seus colegas foram descobrindo que aquele trabalho estava acabando com a saúde deles. Passavam o dia inteiro de pé, num descampado frio, atentos a vultos e ruídos. Quase nunca podiam conversar, para não correr riscos. A qualquer barulho, o corpo estremecia, o coração disparava. Era o medo de uma ação de surpresa dos sem-teto.

Certa vez, um bêbado invadiu o terreno.

Entrou cambaleando, com uma garrafa na mão e cantando alguma coisa ininteligível.

— Sai daí, senão atiro! — gritou um dos seguranças, o Teodoro, rapaz baixinho e nervoso. De longe, Tonho Leitão percebeu o perigo.

O bêbado nem sequer ouviu.

— Sai daí! Fora! — continuou gritando Teodoro. E, temendo alguma coisa pior, Tonho Leitão correu para aquele lado.

— Então, toma, bêbado safado — gritou o segurança. E ouviu-se o estampido do tiro.

A bala passou alguns centímetros acima da cabeça do bêbado, que continuou seguindo em frente. Mas não houve um segundo tiro. Tonho Leitão, com um empurrão, jogou Teodoro longe. E aí pulou sobre ele, tomando-lhe o revólver.

— Como é que você foi atirar num bêbado, sua peste? Quer complicar a gente?

No outro dia, Fernandes fez um elogio público a Tonho Leitão, antes de enviar o pessoal aos terrenos. Disse: "Um bom segurança não pode perder a cabeça". Teodoro pediu desculpas, diante de todos, e justificou-se, dizendo que estava muito nervoso, que fez aquilo sem pensar.

Tonho Leitão achou que tinha direito à palavra. E aí disse:

— Teodoro está nervoso, todo mundo está nervoso... — e virando-se para o instrutor: — E sabe por que, seu Fernandes? Porque é muito pouco isso que a gente está ganhando para passar o dia inteiro no sol, na chuva e no frio, arriscando a vida, sem comer direito, esperando um ataque pelas costas... A minha mulher e a mulher do meu amigo aqui, o Romero, estão procurando casa pra morar e não conseguem, todos os dias o aluguel aumenta...

Fernandes, transtornado, tentou fazê-lo calar:

— Ó, baiano: não dá pra fazer comício aqui dentro! Eu acabei de elogiar e você faz um papel desses?

— Mas ele tem razão, Fernandes! — disse Teodoro. — É por falta de grana que a gente fica nervoso e faz besteira!

— É isso mesmo! — apoiou Cardoso, um dos seguranças mais antigos. — Quer saber duma coisa? Os meus filhos já começaram a passar fome!

— Pelo amor de Deus, pessoal! — gritou o instrutor. — Eu sou só um empregado aqui, igual a vocês! Pode deixar, pode deixar, que depois eu falo com o chefe... Quem sabe, não sai um aumento?

Depois, reservadamente, o instrutor chamou Tonho Leitão:

— Puxa vida, baiano, eu esperava que você fosse gente fina! Naquele dia, no carro, você me disse que deixasse com você, ninguém ia invadir o terreno!

— E alguém invadiu?

— Até agora não, *né*...

— Você ganha o meu salário?

— Não, não, baiano, eu tenho outro emprego...

— Se você ganhasse isso, me daria toda razão... — Fernandes não respondeu.

DE CARA COM OS SEM-TETO

Aconteceu no dia seguinte.

Os dois grupos de sem-teto (ou "sem-terra" urbanos) foram chegando devagar, carregando bandeiras de dois ou três partidos políticos e gritando palavras de ordem.

Era uma ocupação organizada, e bem organizada, porque não havia Polícia Militar atrás da multidão — umas trezentas pessoas, segundo Tonho Leitão calculou. No meio da multidão havia um pessoal diferente, correndo... Carregando máquinas...

— É o pessoal da televisão! — gritou Romero.

Os seguranças começavam a se concentrar, com as armas apontadas para os sem-teto.

— Que é que você acha, Tonho Leitão? — perguntou Teodoro, gritando e gaguejando. — A gente atira?

— *Pera* aí, Teodoro! Agora, não! Vamos ver se eles têm coragem de avançar mais! — respondeu Tonho.

— Cadê a polícia? — perguntou nervoso o segurança Cardoso. — Dessa vez não veio... Mas Fernandes sempre disse que a polícia nunca falharia...

— Só mesmo você pra acreditar naquela besta! — Romero estava tremendo e irritado.

— Vamos parar de brigar! — Tonho Leitão gritou mais alto do que todos.

E antes que alguém falasse mais alguma coisa, um rapaz magrinho, barbudo, de megafone, em frente aos grupos de invasores, começou a discursar. Os cinegrafistas e os fotógrafos o cercaram. Os repórteres se prepararam para tomar nota do que ele dizia.

— Amigos! — começou o rapazinho do megafone. — Gente sem-teto de São Paulo! Olha aí na sua frente! Um terreno enorme, vazio, que só serve para especulação, para valorizar, e valer cada vez mais dinheiro! E enquanto uns especulam e ficam cada dia mais ricos, vocês, os pobres, ficam cada vez mais pobres!

Palmas. Gritos de "muito bem!". Os seguranças não sabiam o que fazer.

— Amigos da segurança! — continuou o rapaz. — O que é que vocês estão fazendo aí, desse lado? Vocês deviam estar aqui, com a gente, ou será que o que vocês ganham dá pra comprar um pedacinho, um pedacinho só, desta terra?

Tonho Leitão não saberia explicar o que se passou pela sua cabeça. De um lado, ele continha um impulso forte de impedir que aquele menino falasse. Afinal, ele estava ali para isso. No entanto, o que o rapaz dizia era verdade. Por que existem terrenos vazios, enquanto milhares de pessoas não têm onde morar? Mas ele, Tonho, estava sendo pago para não deixar que as pessoas invadissem aquele terreno...

Tudo isso passou pela cabeça de Tonho Leitão numa fração de segundo. Enquanto isso, o rapaz do megafone repetia: "Respondam, seguranças: o que vocês ganham dá para comprar um pedacinho, um centímetro desta terra?".

— Pior é que ele tem razão! — disse Tonho Leitão, nem alto nem baixo, como se falasse para si mesmo. Mas alguém ouviu.

— Que é que é isso, ô meu? Ficou do lado deles? — Cardoso falou alto.

Houve uma pausa. E Tonho gritou:

— Estou sim, Cardoso! E sabe de uma coisa? Não vou ficar aqui, feito uma besta, olhando para esse povo que está precisando de lugar para morar...

— O homem endoidou... — Cardoso não acreditava no que ouvia.

— Eu também não vou ficar aqui, não! — disse Romero, preparando-se para seguir o amigo.

— Vamos perder o emprego! — assustou-se Teodoro.

— E daí, cara? — respondeu Romero. — Não vai perder nada... Ou esse teu salário vale alguma coisa?

Até essa altura, a liderança dos invasores não entendia bem o que acontecia do outro lado. E o barbudo voltou a insistir:

— Amigos da segurança! Vocês também são povo! Tonho Leitão não esperou mais. Pôs o revólver na cinta e adiantou-se até os integrantes do movimento. Houve um momento de silêncio absoluto. Só se ouviam os cliques das máquinas dos fotógrafos.

— Gente, me deixa falar! — pediu Tonho Leitão, quando chegou bem perto. Apontou para os colegas da segurança: — Eu duvido, gente, eu duvido que aquele pessoal ali tenha coragem de fazer alguma coisa contra vocês...

A televisão já registrava sua imagem e os repórteres começavam a escrever o que ele dizia. Os seguranças, aos poucos, foram guardando seus revólveres e se aproximando de Tonho.

— Gente! — continuou ele. — Eu acho que vocês têm razão, porque quem não tem dinheiro para comprar uma casa, precisa morar em algum lugar!

— Viva! Muito bem! — Os sem-teto começavam a acreditar nas palavras do segurança.

— Mas, agora, gente, é bom que vocês saibam que eu e os outros colegas vamos perder o emprego por causa de vocês... A gente devia parar vocês a bala... Mas, como o menino aí falou, nós também ganhamos muito pouco, e devemos ficar do lado de vocês... Eu, por exemplo, não consigo encontrar uma casa para morar com a minha família!

O discurso de Tonho Leitão já era exibido por quase todas as tevês da cidade, ao vivo. Nas residências, nos escritórios, nas redações dos jornais, as pessoas se concentravam diante dos aparelhos de tevê, em silêncio. Algumas se comoviam.

— Viva! Viva o segurança! O povo unido jamais será vencido! — gritavam os sem-teto, já num clima de confraternização, de grande alegria.

Mas as câmaras preferiam enfocar a figura de Tonho Leitão. E o seu rosto e as suas frases simples iriam aparecer muitas vezes, por todo o país, e até no exterior. Afinal, era a primeira vez, no Brasil, que um homem de segurança, um vigilante, reconhecia a legitimidade de uma atitude aparentemente ilegal: a invasão de um terreno.

E Tonho Leitão era tão sincero no que dizia, que não havia como acusá-lo de político, de ter feito aquilo a mando de alguém. Era apenas um homem movido pelo seu próprio senso de justiça, rude e simples.

Naquele momento, aliás, Tonho Leitão se transformou num símbolo de justiça para todo o Brasil. Suas palavras atingiram diretamente a consciência da população. Com sua atitude, ele lembrou a todos que não se pode ser feliz numa cidade, ou num país, onde há pessoas sem casa e sem comida, sem trabalho e sem esperança.

— Mamãe! Olha o pai na televisão!

O pequeno Zé foi o primeiro a ver o pai. Zenaide, que já se preparava para, mais uma vez, correr atrás de casa para alugar, ouviu, com lágrimas nos olhos, o discurso do marido. As crianças sorriam, nervosas, e até dona Edwiges, chamada do quarto, sorriu como há muito tempo não sorria:

— Tinhoso! Gênio ruim! — disse ela sobre o filho. — Mas sempre foi bom para os outros...

— Mas ele devia estar contra esse pessoal e não a favor! — queixou-se a mulher de um outro segurança novato, que ainda morava no casarão.

— Cale a boca, minha senhora! — respondeu Edwiges. — O meu filho fica do lado da consciência dele!

— Ele vai perder o emprego, e vocês vão ser expulsas daqui... — insistiu a mulher.

— Se quiserem me mandar pro inferno, eu vou! — Edwiges não perdia o mau humor, era só provocar. — Lá no inferno é melhor do que nessa cidade doida!

No terreno ocupado, a essa altura, Tonho Leitão confraternizava-se com os sem-teto. E dava muitas entrevistas. Aos repórteres contou toda a sua vida. Aceitou comparecer em programas de televisão. Muita gente já ligava para as tevês e os jornais prometendo emprego aos seguranças que haviam aderido à ocupação. Um repórter deu essa notícia a Tonho Leitão.

— Emprego eu vou aceitar mesmo — disse ele. — Eu e meus colegas. Mas não por quatro salários mínimos!

Todos riram muito. E o amigo Romero, que o abraçou por muito tempo, confessou:

— Agora entendi o que você me disse um dia, que esta cidade seria sua, que você venceria. Sabe, Tonho, estou muito orgulhoso de ser seu amigo!

— Obrigado, Romero... Não se preocupe. Estão oferecendo emprego pra gente... O seu eu não vou esquecer.

— Mas por quatro salários mínimos, de jeito nenhum! — disseram os dois ao mesmo tempo. E riram muito.

Naquela hora, Tonho Leitão ria, e ele realmente estava feliz, mas o seu pensamento voava longe. Até este dia, pensava, tivera sorte na cidade grande; possivelmente arrumaria um outro emprego, mas ele era uma exceção. Quantos não tinham virado bandido, ou mendigo, ou voltado para o seu estado de origem, expulsos deste mundo frio, desumano, onde só vale a lei do mais forte? Quantos não haviam morrido?

Ele mesmo não poderia vacilar. Estava tudo bem, mas só até agora, e havia uma vida inteira a ser construída no futuro.

Tonho Leitão estava feliz, sim, e sorrindo. Mas alguma coisa estranha acontecia com seus olhos. Limpou-os com o punho da camisa, disfarçando. E reconheceu, para si mesmo, que havia sido traído por aquela coisa ridícula chamada choro. Pela primeira vez na sua vida.

Síntese Geográfica

Êxodo rural e urbanização

Avenida Paulista, principal centro econômico da cidade de São Paulo (SP).

A história de Tonho Leitão, pequeno agricultor que se transformou em herói urbano, é ficcional. O drama das pessoas expulsas do campo e a luta dos sem-teto pela conquista de moradia nas grandes e médias cidades, porém, fazem parte do cotidiano de grande parte da população brasileira.

E isso tem um motivo principal: o modelo econômico que imperou no Brasil nos últimos cem anos, responsável por promover o desenvolvimento, mas também por ampliar as desigualdades. Apesar do poder de nossa economia, temos uma das sociedades mais divididas do mundo: de um lado, uma maioria empobrecida; de outro, um pequeno grupo que concentra grande parte da riqueza nacional.

Na formação desta sociedade desigual, um fenômeno assume importância fundamental: o êxodo rural — o intenso deslocamento populacional que tirou as pessoas do campo e as levou para as cidades, para trabalhar no setor industrial ou de serviços. Nesta *Síntese Geográfica* você irá conhecer e debater vários aspectos dessa discussão. Mais do que isso: poderá refletir sobre a construção de uma sociedade mais justa e igualitária!

Para refletir

Espalhados ao longo deste livro, existem vários mapas, tabelas e gráficos — todos tendo como eixo central o intenso deslocamento populacional e o processo de urbanização que caracterizou o nosso país nos últimos anos.

Sugestão: observe esses recursos e, antes de ler a Síntese Geográfica, escreva para cada um deles um parágrafo explicativo. Quando terminar o estudo do livro, releia o que escreveu e avalie o que mudou em relação à sua compreensão inicial sobre o êxodo rural e a urbanização no Brasil.

Brasil, país de população urbana

Ao longo do século XX, o Brasil mudou bastante. Deixou de ser um país rural e agrário, onde a maioria da população vivia no campo e a atividade econômica principal era a agropecuária, para se transformar no Brasil urbano e industrial que hoje conhecemos.

Segundo o censo demográfico de 2000, realizado pelo IBGE (Instituto Brasileiro de Geografia e Estatística), mais de 80% da população brasileira vive em áreas urbanas. As atividades econômicas desenvolvidas nas cidades também se avolumaram, tanto a industrial como sobretudo a do setor terciário (comércio e serviços), e superaram em importância as atividades realizadas no campo.

As cidades de São Paulo e Rio de Janeiro servem como exemplo. A rápida industrialização da capital paulista, aliada ao intenso êxodo rural verificado em outras áreas do país, fez com que a população da cidade saltasse de 1,3 milhão de habitantes, em 1940, para mais de 10 milhões no início do século XXI. As atividades realizadas na cidade abrangem um conjunto de municípios que se interligam e formam uma vasta área metropolitana, a Grande São Paulo, com cerca de 18 milhões de habitantes.

O Rio de Janeiro, por sua vez, passou de 1,7 milhão de habitantes em 1940 para cerca de 6 milhões em 2000. A Grande Rio de Janeiro tem hoje cerca de 11 milhões de habitantes.

Em 1950, apenas essas duas cidades possuíam mais de um milhão de habitantes e juntas abrigavam cerca de 10% da população nacional. Em 2002, o cenário apresentava-se completamente diferente. Espalhadas pelo Brasil, outras treze cidades contavam população superior a um milhão de habitantes: Belo Horizonte, Porto Alegre, Recife, Salvador, Fortaleza, Curitiba, Brasília, Belém, Manaus, Guarulhos, Campinas, Nova Iguaçu e Goiânia. Juntas com São Paulo e Rio de Janeiro, abrigam mais de 30% do total da população do país.

Avenida Vieira Souto, bairro de Ipanema (RJ), no início do século XX.

Avenida Vieira Souto nos dias atuais. Não fosse pela presença do morro Dois Irmãos, ao fundo, a paisagem dificilmente seria identificada.

Cenas de um país urbano

A diversidade que marca a sociedade brasileira pode ser também percebida nas inúmeras paisagens que caracterizam as cidades do país. São cenários contrastantes, que muitas vezes transmitem a ideia de uma grande e hostil selva formada por concreto ou mesmo de lugares bucólicos do interior do país.

Fábio Colombini / Kino.com.br

Com mais de 10 milhões de habitantes, a cidade de São Paulo é frequentemente caracterizada pela imagem da multidão. Esse contexto torna dramáticos os vários problemas da cidade, como a violência e a falta de emprego.

Iugo Koyama / Editora Abril

Vista área de Belo Horizonte (MG). Abrigando grande população, a cidade espalha-se por uma vasta área.

Valdemir Cunha / Editora Abril

O Rio de Janeiro (RJ) é a segunda maior cidade brasileira. Com uma paisagem privilegiada, é um dos lugares que mais atraem turistas estrangeiros para o país. Muitos dos morros que a tornam bela, entretanto, abrigam a pobreza das favelas.

Liane Neves / Editora Abril

Entre os principais problemas das cidades, encontra-se a degradação ambiental. As áreas verdes são raras, assim como os lugares de lazer. Na imagem, Parque da Redenção, em Porto Alegre (RS).

Urbanização, rede urbana e metropolização

As migrações do campo para a cidade ocasionam a urbanização. Além do crescimento dos centros urbanos, o fenômeno implica outras transformações. Dentre elas destacamos: a dependência econômica do campo em relação às atividades realizadas na cidade; e a formação de um sistema integrado conhecido como *rede urbana*.

Com a diminuição da população rural e o consequente aumento da população urbana, as atividades realizadas no campo passam a ser comandadas pelas dinâmicas que ocorrem na cidade. As áreas rurais deixam de vender apenas o excedente de produção às áreas urbanas, como ocorria no passado, e começam a ter parte significativa de sua produção orientada pelos interesses urbano-industriais.

Isso significa que muitos dos cultivos passam a depender da indústria. O fumo, por exemplo, da indústria de cigarros; a uva, da indústria vinícola; a cana-de-açúcar, da indústria açucareira ou automobilística. Os produtos agrícolas são ainda destinados, em grande parte, para alimentar a mão de obra concentrada nas cidades.

Máquinas, adubos químicos, inseticidas e diversos outros bens fabricados no meio urbano passam cada vez mais a ser condição essencial da produção agrícola ou pecuária. Além disso, a produção do campo necessita de empréstimos dos bancos, dos capitais financeiros e demais serviços que estão localizados nas cidades.

AS REDES URBANAS

As cidades não são todas iguais nem possuem a mesma importância industrial, comercial, bancária ou cultural. Com o processo de urbanização, ocorre uma diferenciação cada vez mais acentuada entre os centros urbanos. Passa a haver uma hierarquia, um sistema integrado de cidades grandes, médias e pequenas: é a chamada *rede urbana* ou *sistema urbano*.

As metrópoles, normalmente cidades com mais de um milhão de habitantes, existem em número restrito, mas concentram recursos humanos e econômicos em grande escala. Nelas estão localizados, por exemplo, os principais bancos, indústrias, universidades e estabelecimentos comerciais. Essas metrópoles exercem, assim, *ação polarizadora*, ou seja, uma atração sobre outros lugares.

No Brasil existem duas metrópoles que exercem grande influência na vida econômica e cultural de todo o território nacional: São Paulo e Rio de Janeiro. Muitas das atividades realizadas nestas duas cidades, porém, estão atreladas a outros lugares do mundo, como Nova York e Londres. A influência delas repercute assim em diversos espaços internacionais, entre eles os parceiros do Mercosul. Por esse motivo, o IBGE as classifica como *metrópoles globais*.

Sete outras metrópoles brasileiras exercem polarização sobre imensos lugares, mas não se encontram tão intensamente relacionadas a outras partes do mundo. Por isso são classificadas pelo IBGE como *metrópoles nacionais*. São elas: Belo Horizonte, Porto Alegre, Recife, Salvador, Fortaleza, Curitiba e Brasília. Existem também as *metrópoles regionais*, que segundo o IBGE atualmente são três: Manaus, Belém e Goiânia.

A rede urbana do país, porém, não se limita às metrópoles. Fazem parte dela ainda as *cidades médias* e *pequenas*. As cidades médias existem em grande número e com diversos tamanhos ou efetivos populacionais: por volta de 50 mil até mais ou menos 500 mil habitantes. Exercem polarização sobre áreas específicas e estão subordinadas às metrópoles. De acordo com suas dimensões e recursos, podem ser classificadas como *centros regionais* (é o caso, por exemplo de Londrina, Campinas e Cuiabá) ou *centros sub-regionais* (como Santa Maria, no Rio Grande do Sul, e Vitória da Conquista, na Bahia).

As pequenas cidades, que são milhares em nosso país normalmente polarizam apenas vilas, povoados ou áreas rurais vizinhas. Constituem a base ou a escala hierarquicamente mais baixa da rede urbana.

O sistema urbano brasileiro

Fonte: IBGE. Atlas nacional do Brasil, 2000.

METROPOLIZAÇÃO

Entre as características importantes da urbanização brasileira destaca-se a *metropolização,* ou seja, o intenso crescimento das grandes cidades ou metrópoles. A proporção dos brasileiros que vivem em metrópoles passou de 18% do total em 1950 para 25% em 1970 e mais de 30% em 2000. Podemos afirmar assim que no país não há apenas uma urbanização, mas sim uma urbanização com metropolização.

Durante várias décadas, o caminho do *êxodo rural no Brasil* foi prolongado por migrações urbanas das pequenas cidades para as cidades médias e destas para as grandes cidades. Entre 1990 e 2000, entretanto, se observou que as cidades médias, ou pelo menos algumas delas, têm crescido a um ritmo maior que as metrópoles.

Com o tempo, essas cidades devem se tornar metrópoles. Parte significativa delas, porém, encontra-se relativamente próxima às metrópoles ou até mesmo pertence à sua região metropolitana.

AS REGIÕES METROPOLITANAS

As metrópoles, em geral, desenvolvem-se a partir de uma cidade principal. A elas se agregam diversas outras, formando um único *núcleo urbano*. A esse processo chamamos *conurbação*. São Paulo e Guarulhos, por exemplo, são cidades *conurbadas*; assim como Rio de Janeiro e Nova Iguaçu.

As *áreas* ou *regiões metropolitanas* podem ser definidas, assim, como um conjunto de municípios contíguos (vizinhos) e integrados socioeconomicamente a uma cidade central, com serviços públicos e infraestrutura comuns.

Essas regiões metropolitanas foram definidas inicialmente pelo IBGE, nos anos 1970. Com a Constituição de 1988, essa definição foi tirada da esfera federal e cada unidade da federação passou a ter autonomia para estabelecer suas regiões metropolitanas.

Em 2000, existiam 22 regiões metropolitanas no Brasil (ver gráfico), que o IBGE distinguia em:

- 12 regiões metropolitanas *plenas*, com elevado grau de urbanização;
- 10 regiões metropolitanas *emergentes*, com menor grau de urbanização.

Brasil: regiões metropolitanas (2000)

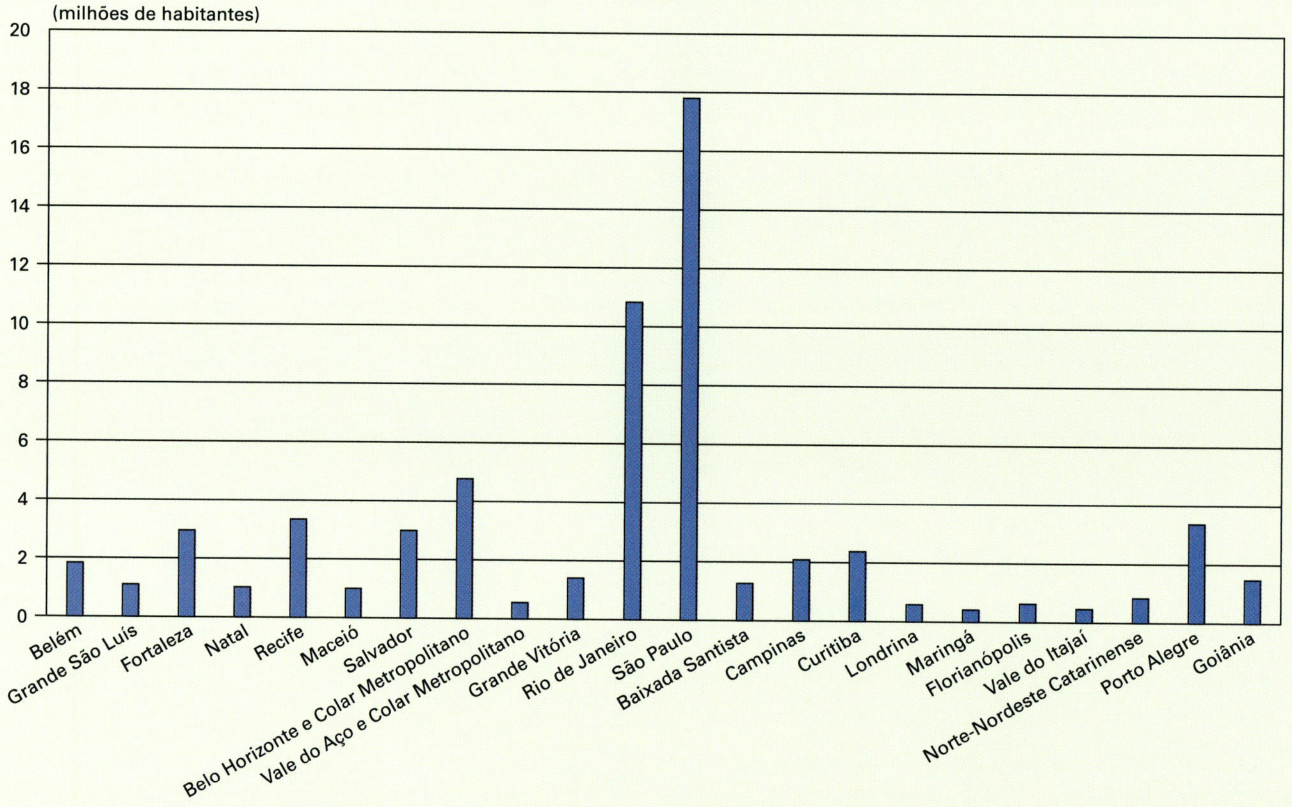

Fonte: IBGE. *Atlas geográfico escolar*, p. 155.

* A população de cada aglomerado urbano inclui não apenas a cidade principal, mas também as cidades conurbadas, isto é, a elas ligadas. Assim, em São Paulo, incluem-se Santo André, Diadema, Guarulhos, Osasco etc.; no Rio de Janeiro incluem-se Nova Iguaçu, Petrópolis, Nilópolis, Duque de Caxias etc.; em Belo Horizonte incluem-se Betim, Contagem, Sabará etc., e assim sucessivamente.

** A cidade de Manaus, embora tenha 1.405.835 habitantes, foi excluída da categoria de região metropolitana plena pelo fato de não formar uma aglomeração urbana integrada com os municípios vizinhos.

Muitos problemas

O processo de urbanização multiplicou os violentos contrastes que já caracterizavam a sociedade brasileira. Hoje, nas grandes cidades, mansões e edifícios luxuosos convivem lado a lado com favelas e cortiços. A opulência de alguns — automóveis importados, roupas caras, consumo em restaurantes dispendiosos, etc. — contrapõe-se à pobreza das multidões de subempregados, mendigos, menores abandonados, trabalhadores que ganham no máximo três salários mínimos (remuneração de cerca de 60% dos trabalhadores no Brasil).

As transformações do meio rural também agravaram os contrastes sociais no campo. A instalação de máquinas em algumas áreas, substituindo ou suprindo parte do trabalho humano, resultou em desemprego para grande número de trabalhadores.

Delfim Martins / Pulsar

Colheita de batata no interior de São Paulo. Sem vínculos empregatícios, os boias-frias recebem uma quantia irrisória pela sua produção e não contam com nenhuma garantia trabalhista. A situação deles se agrava ainda mais nos períodos de entressafra.

Paulo Jares / Editora Abril

Vista do Morro Dona Marta, no Rio de Janeiro. Nos últimos anos, tem aumentado o acesso da população aos bens de consumo. Sinal de uma economia que se urbaniza e se diversifica. Isso, porém, não tem resultado na inclusão dos mais pobres: a despeito da posse de televisores e carros, parte significativa da população brasileira ainda continua relegada a condições precárias de vida.

Os que se mantêm empregados, muitas vezes, são utilizados para carpir o mato e trabalhar na colheita de produtos pouco propícios a serem catados pelas colhedeiras automáticas, tais como a uva e a cana-de-açúcar. Eles são submetidos a uma superexploração pela exigência do aumento da produtividade. A lógica é produzir cada vez mais em um mesmo período de tempo.

Os trabalhadores rurais têm uma remuneração muito baixa e, em geral, não possuem nenhuma garantia: são empregos temporários, sem contrato nem registro em carteira. É o caso, por exemplo, dos *peões* na Amazônia e dos *boias-frias* na região Centro-Sul.

Todos esses contrastes, porém, são interdependentes: devem ser entendidos de forma integrada, como parte de um mesmo processo de desenvolvimento vivido pela população brasileira nas últimas décadas. A seguir, vamos ver como ocorreu esse desenvolvimento, fazendo um breve retrospecto da história econômica de nosso país.

O êxodo rural no Brasil

As migrações rural-urbanas no Brasil, isto é, o deslocamento de populações do campo para as cidades, conhecido como *êxodo rural*, existem há muito tempo, mas começaram a se multiplicar a partir das primeiras décadas do século XX. Como resultado, nos últimos cinquenta anos, o percentual da população rural caiu vertiginosamente em relação à proporção da população urbana. Hoje, de cada grupo de cinco brasileiros, quatro vivem nas áreas urbanas e apenas um no meio rural.

As migrações inter-regionais, ou migrações de uma região para outra, começaram a se intensificar com a construção de inúmeras estradas, inicialmente ferrovias e depois quase que apenas rodovias — caminhos que facilitaram os deslocamentos populacionais no território nacional.

É possível identificar nessa dinâmica vários ciclos ou fases. As migrações, em geral, constituem uma *redistribuição espacial da força de trabalho:* são em grande parte deslocamentos de pessoas de uma área onde há menos empregos ou terra disponível para outra com maiores oportunidades. Esta, entretanto, é uma conjuntura que varia muito no tempo e no espaço, fazendo com que a direção dos fluxos migratórios se altere.

A ocupação da Amazônia serve de exemplo. Entre 1870 e 1910, época de intensa exploração da borracha, ocorreu uma intensa migração de nordestinos para a região Norte. Nessa época, a exportação do látex da seringueira empregava milhares de trabalhadores, ao mesmo tempo que a economia nordestina encontrava-se em crise.

Com a decadência da borracha a partir de 1910, houve refluxo desse movimento, com a saída de pessoas da região amazônica, que assim durante várias décadas permaneceu praticamente estagnada, sem receber novos migrantes.

A partir da década de 1970, com a construção de estradas e diversos projetos governamentais de assentamento de famílias camponesas em áreas situadas às margens dessas rodovias, começou a ocorrer novo movimento migratório para a região — agora de nordestinos, gaúchos e mesmo paulistas, entre outros.

Hoje, o fluxo migratório de maior intensidade no Brasil tem sido em direção ao Norte e Centro-Oeste do país, sobretudo à Amazônia. Nas duas últimas décadas do século XX, as unidades da Federação que mais cresceram em termos populacionais foram Mato Grosso, Roraima, Rondônia, Amazonas, Goiás, Tocantins, Pará e Amapá.

Entre as principais razões para isso destaca-se a crise econômica que o país enfrenta desde os anos 1980, em especial nas áreas mais industrializadas. Cidades como São Paulo já não oferecem mais boa oferta de empregos. Ao contrário, são cada vez mais marcadas pelo desemprego, e por problemas sociais e ambientais.

Antonio Milena / Editora Abril

Paulo Jares / Editora Abril

Palmas foi a cidade escolhida para acolher a capital do estado de Tocantins, criado nas décadas finais do século XX. Nas imagens acima, podemos perceber o ritmo de ocupação da região. A primeira mostra a cidade em 1993, quando ainda estava sendo preparada para receber a capital; a outra é de 1999.

A expansão da agropecuária também tem colaborado, notadamente o cultivo de produtos como a soja por áreas do Centro-Oeste e da Amazônia; além da oferta de terras abundantes e relativamente baratas em comparação aos preços vigentes no Sul e no Sudeste do país.

Esse movimento de ocupação, vale destacar, tem sido infelizmente marcado pelo intenso desmatamento da Amazônia. A floresta assim dá lugar a plantações de soja, pastos para gado e muitas outras atividades econômicas.

As migrações pendulares

O êxodo rural é apenas um dos vários tipos de movimentos migratórios que marcam o Brasil. Existem ainda, por exemplo, as migrações externas: a imigração (vinda de estrangeiros para residir no país) e a emigração (ida de brasileiros para residir no exterior).

Na atualidade, sobretudo com o crescimento das cidades, destaca-se a chamada *migração pendular*, que são as migrações diárias da população nos grandes e médios centros urbanos: é o movimento de ida e volta da casa para o trabalho.

Quanto maior e menos planejada a cidade, maior a distância que a pessoa tem de se deslocar da residência até o local de trabalho. Nos grandes centros urbanos, em especial nas principais regiões metropolitanas, parte significativa dos trabalhadores gasta várias horas por dia com esse deslocamento.

Em geral, essas pessoas moram em bairros distantes e com escassa infraestrutura (água encanada, rede de esgotos, asfalto, creches, escolas etc.), o que mantém o preço da terra e das habitações mais baixo. Há também as chamadas cidades dormitórios, localizadas próximas às grandes cidades.

Em ambos os casos, as pessoas têm de tomar duas ou três conduções para chegar ao trabalho, tarefa agravada pela precariedade dos transportes coletivos.

NORDESTINO, DESTINO MIGRANTE

No Brasil, a migração inter-regional mais famosa — e mais volumosa até os anos 1970 — é a dos nordestinos em direção ao Centro-Sul do país, em especial para São Paulo e Rio de Janeiro. Esse movimento populacional começou no final do século XIX, na época em que a escravidão terminava e ocorria a expansão do cultivo do café no Sudeste, requerendo mão de obra para a então promissora atividade.

O auge do fluxo, que prossegue até os dias de hoje, ocorreu entre os anos 1930 e 1970, época de intensa industrialização do Centro-Sul do Brasil. Milhões de nordestinos deixaram então sua região, fato que provocou diminuição relativa da população do Nordeste em relação à população total do Brasil. O Nordeste tinha cerca de 40% da população nacional no final do século XIX, sendo a região mais populosa. A percentagem caiu para 31,6% em 1960 e para 24,7% em 2000.

Os motivos desse intenso fluxo migratório são inúmeros, entre eles a crise na produção da cana-de-açúcar e do algodão; a concentração da propriedade da terra na chamada zona da Mata, área mais povoada da região; e a expansão econômica do Centro-Sul. Destaca-se muito a importância das secas no sertão nordestino. A ideia, entretanto, é exagerada e apenas parcialmente correta.

As secas, de fato, provocaram a saída de inúmeras pessoas. Temos que lembrar, porém, que o sertão é a sub-região menos povoada do Nordeste. A maioria dos migrantes nordestinos sai até hoje da zona da Mata, área com elevados índices de chuvas, mas caracterizada por conflitos e problemas sociais, como lutas pela terra, favelas, mocambos e superexploração dos trabalhadores.

Qual a razão dos movimentos populacionais?

Os intensos movimentos populacionais encontram explicação nas profundas modificações que a economia brasileira vem sofrendo nas últimas décadas. Não só o desenvolvimento do capitalismo se acelerou no país, bem como a industrialização e a urbanização que sempre o acompanham.

O capitalismo é um conjunto de atitudes sociais, econômicas e políticas que favorece a produção, a distribuição e o consumo de bens; está baseado na propriedade privada, no sistema de mercado e na busca do lucro. O seu desenvolvimento ocasiona concentração demográfica, o que dá origem aos grandes centros urbanos.

Esses centros facilitam o intercâmbio entre as empresas e geram facilidades em termos de infraestrutura (eletricidade, asfalto, água encanada, rede de transporte e comunicação etc.), além de criar melhores condições para a distribuição de mercadorias e a formação de mercados consumidores.

O capitalismo se desenvolveu, a princípio, por meio do comércio e, depois, graças à atividade fabril e à indústria moderna. Nos últimos anos, as atividades econômicas que mais têm se expandido são as financeiras e as de serviços (informática, assessorias, seguros, propaganda, diversões, educação e saúde, por exemplo) — todas basicamente urbanas, concentradas nas cidades.

Outras características fundamentais do capitalismo — que é sempre marcado por diferenças sociais, como as que separam patrões e assalariados — são a produção em grande escala e a mecanização progressiva das tarefas.

O avanço do capitalismo, em geral, produz a mecanização das atividades realizadas no campo, o que provoca altos índices de desemprego entre os trabalhadores rurais, pois as máquinas fazem o trabalho de várias pessoas. A situação leva ainda o camponês ao empobrecimento, uma vez que possibilita a expansão das grandes propriedades rurais, em detrimento das pequenas, que não podem dispor de tratores, colhedeiras, empréstimos bancários em boas condições etc. Essas características levam famílias a saírem do campo em busca de emprego e moradia nas cidades — eis a razão básica ou estrutural das migrações rural-urbanas.

Apesar de estarem direta ou indiretamente ligados a essa razão principal, os motivos individuais ou específicos que levam as pessoas a se deslocarem para as cidades podem variar bastante. Entre esses motivos, destacamos:

- *a influência da pressão demográfica sobre os recursos*: às vezes, por exemplo, uma pequena parcela de terra não é suficiente para prover o sustento de uma família em crescimento. Outras vezes, a morte dos pais leva à divisão do sítio entre os filhos, o que acaba gerando escassez devido à insuficiência da parte que coube a cada um, na medida em que cada herdeiro irá constituir sua própria família;
- *as pressões econômicas (e até físicas, com o uso da violência)*: para aumentar suas propriedades, por exemplo, grandes proprietários forçam pequenos agricultores a venderem suas terras. A mecanização das grandes propriedades ainda dificulta a concorrência, pois as máquinas aumentam a produção reduzindo os preços; algo positivo para o grande proprietário, mas negativo para os pequenos produtores;
- *a ilusão de uma vida melhor nos grandes centros urbanos*: a atração por um estilo de vida baseado no consumo, divulgado especialmente pela televisão e diversos meios de propaganda, pode provocar também o abandono do campo, embora de forma secundária. Alguns autores negam a validade desse argumento; outros destacam pesquisas com migrantes que relatam que as médias e grandes cidades exercem atração, em especial entre os jovens.

Em resumo, existem inúmeros motivos que levam a população do campo a se transferir para os centros urbanos. Essas razões variam muito de lugar para lugar. Em algumas áreas predomina a mecanização das atividades agrícolas com o aumento do desemprego no campo. Em outras prevalece a expansão das grandes propriedades com a expropriação, isto é, a perda do imóvel pelos pequenos proprietários. Em outras ainda pode predominar o elevado crescimento demográfico das famílias rurais e a insuficiência de terra para todos.

De uma forma ou de outra, todas essas situações estão ligadas ao tipo específico de desenvolvimento do capitalismo no Brasil, um capitalismo que concentrou renda e terra; que tornou os ricos mais ricos e os pobres mais po-

André Penner / Editora Abril

A atual situação do trabalhador rural tem gerado diversos conflitos no campo, muitos deles em torno da luta pela posse da terra. Na imagem, integrantes do Movimento dos Trabalhadores Rurais Sem Terra (MST) durante ocupação da fazenda Lageado Bonito, em Água Doce (SC).

Sergio Dutti / Editora Abril

São inúmeros os problemas que levam os trabalhadores rurais a abandonarem seu local de origem. De uma forma ou de outra, eles estão ligados ao desenvolvimento do capitalismo no Brasil, que não contemplou a inclusão social dos mais pobres. Na imagem, família de trabalhadores rurais em Bodocó (PE).

Delfim Martins / Pulsar

Máquinas agrícolas colhem algodão em uma fazenda do Mato Grosso do Sul: é a tecnologia substituindo o trabalho braçal.

bres; que não possibilitou um significativo avanço dos direitos sociais, em especial dos trabalhadores rurais, como o direito a um emprego decente, a uma justiça eficaz e generalizada, a uma renda mínima que permita o sustento da família, inclusive com os indispensáveis gastos em educação e saúde.

Quem migra do campo para a cidade, em geral, é o pequeno proprietário rural ou o trabalhador sem terra. No primeiro caso ele vende seu sítio (muitas vezes obrigado) para o grande fazendeiro. A situação é provocada pelas transformações das últimas décadas, entre as quais merece destaque a expansão das grandes monoculturas: a soja, por exemplo, nas áreas de cerrado (Mato Grosso, Mato Grosso do Sul, Goiás, áreas de Minas e oeste da Bahia), a partir da década de 1980; e a cana-de-açúcar, desde os anos 1970, pela necessidade de fabricar álcool. No caso da cana, seu cultivo facilitou a formação de grandes propriedades em áreas onde antes predominavam cultivos característicos das pequenas propriedades, como a mandioca e o feijão.

Os trabalhadores rurais sem terra, por sua vez, vêm migrando nas últimas décadas em grande número para a cidade, tanto os assalariados (em maior número) quanto aqueles que trabalham em troca de parte da colheita ou da criação (em menor número). Entre outros fatores, isso ocorre devido à mecanização e à introdução das monoculturas. Ambas as situações provocam a redução de empregos permanentes no meio rural, embora em épocas de colheita aumente a oferta por trabalhos temporários.

A intensidade das migrações rural-urbanas no Brasil provocou uma redução absoluta (e não apenas relativa) da população rural nas duas últimas décadas. Note na tabela que a população rural era de cerca de 33 milhões de pessoas em 1950. Em 2000, cinquenta anos depois, ela é menor, pouco menos de 32 milhões. Nesse mesmo espaço de tempo a população brasileira mais que triplicou.

Brasil — População

Anos	Urbana		Rural		Total (milhões)
	Nº de hab. (milhões)	% sobre o total	Nº de hab. (milhões)	% sobre o total	
1950	18,7	36	33,1	64	51,8
1960	32,0	45	38,9	55	70,9
1970	52,9	56	41,6	44	94,5
1980	82,0	67,5	39,1	32,4	121,1
1991	110,9	75,5	35,8	24,5	146,8
2000	137,9	81,2	31,8	18,8	169,7

Fonte: IBGE.

Folha Imagem

No Brasil, o êxodo rural se intensificou a partir dos anos 1950, incentivado pela industrialização da região Centro-Sul e a crise de áreas tradicionais de cultivo, como a do Nordeste. Na imagem, habitantes do interior do Ceará deixam o lugar devido ao transbordamento do açude de Orós, em 1960.

Delfim Martins / Pulsar

Consequências do êxodo rural: um pequeno vilarejo no interior nordestino praticamente abandonado. Dois trabalhadores do campo aguardam o momento da partida às portas da agência de viagem.

UM NOVO MEIO RURAL

O meio rural brasileiro mudou bastante nas duas últimas décadas. Tanto que alguns especialistas chegam a identificar um *novo meio rural* brasileiro em algumas regiões do país. Para esses especialistas, o perfil atual do campo não produz mais tantos migrantes e até mesmo atrai número crescente de pessoas oriundas das cidades, situação que pode resultar no final do êxodo rural. A seguir, vamos examinar as ideias desses pesquisadores.

O pressuposto de um novo meio rural apoia-se principalmente em dois aspectos: que as atividades do campo não se identificam mais apenas com a agrícola; e que o campo não é sinônimo de atraso, já que nele existiriam e estariam se expandindo inúmeras áreas modernas, com tecnologia avançada, nas quais se desenvolvem os chamados *agrobusiness* ("negócios agrícolas", em inglês).

O meio rural, de fato, não pode mais ser caracterizado exclusivamente pelas atividades agrícolas. Além dos cultivos e das criações, expande-se no campo o turismo rural, o ecoturismo, os hotéis-fazenda, os *spas* e clínicas de repouso, as colônias de férias, os pequenos comércios, os parques de diversões e os famosos pesque e pague, entre muitas outras atividades.

Existe assim um número crescente de pessoas que residem na zona rural e que estão ocupadas em atividades não agrícolas. Calcula-se que cerca de um terço dos 15 milhões da população economicamente ativa do meio rural brasileiro esteja nesta situação: são funcionários de hotéis, comerciários, serventes de pedreiro, motoristas, caseiros, empregadas domésticas, entre outros.

Enquanto os empregos agrícolas vêm caindo a uma taxa de 1,7% ao ano, as ocupações não agrícolas no meio rural crescem, desde os anos 1990, a uma taxa de 3,7% ao ano. Aqueles que arriscam um prognóstico preveem que por volta de 2014 a maioria dos residentes no meio rural estará ocupada em atividades não agrícolas.

Da mesma forma, existe atualmente no meio rural brasileiro a expansão de uma agropecuária moderna, que se distancia em muito daquela velha imagem do sítio tocado por "jecas-tatus". Um dos maiores exemplos disso é o crescimento da agroindústria, ou *agribusiness*, como é mais conhecido.

O significado mais geral do termo, tal como foi criado há algumas décadas nos Estados Unidos, diz respeito a toda uma cadeia ou sistema integrado de produções: adubos, fertilizantes, cereais, máquinas agrícolas, criações etc.

Em um sentido mais restrito, porém, o *agribusiness* refere-se especificamente às indústrias cuja produção tem por base um gênero agrícola, entre elas a de cigarro (fumo), bebidas (uva e cana-de-açúcar), óleos comestíveis (soja), calçados (couro) e laticínios (leite). Como se vê, o *agrobusiness* não é uma atividade essencialmente rural. Ao contrário, trata-se de negócio que integra o campo e a cidade, a agricultura e a indústria.

Outro exemplo de modernização do meio rural brasileiro é o que se verifica no cultivo de produtos como a soja, o trigo e algumas frutas. As áreas de cerrado constituem o grande palco dessa agricultura eficiente e competitiva no mercado internacional.

A região semiárida do vale do São Francisco, ao redor das cidades de Juazeiro (BA) e Petrolina (PE), é outra área agrícola de recente modernização. Por meio da irrigação e de sistemáticas pesquisas com novas variedades de cultivos, produz boa parte das frutas (além de vinhos) que o Brasil exporta.

Existem ainda inúmeros outros exemplos de áreas agrícolas modernas no Brasil, onde se cria gado ou produz matérias-primas para as indústrias, utilizando técnicas avançadas, como pesquisas agronômicas e veterinárias, correção dos solos e uso de sementes selecionadas. Elas se localizam em diversas partes do país, como São Paulo, Paraná, Rio Grande do Sul e Minas Gerais.

O grande problema é que nem sempre a modernização do campo tem diminuído a pobreza da população. Algumas vezes, devido ao aumento do desemprego pela mecanização das tarefas ou à falta de interesse dos grandes proprietários pela comunidade local, ocorre até mesmo um crescimento da pobreza e dos problemas sociais.

Apesar do inegável avanço da modernização, persiste ainda certo tradicionalismo ou atraso no meio rural brasileiro: grandes propriedades ociosas, que não são aproveitadas para o cultivo ou a criação; utilização de técnicas como as queimadas; baixa remuneração dos trabalhadores; pecuária ou agricultura extensivas etc.

A pobreza é outra marca das permanências no meio rural brasileiro. Existem no campo cerca de 3 milhões de famílias (cerca de 15 milhões de pessoas) sobrevivendo com uma renda *per capita* de um dólar por dia. Um terço dessas famílias mora em domicílios sem luz elétrica, quase 90% não têm água canalizada, esgoto ou fossa séptica. Em cerca de metade dessas famílias, os adultos não completaram a primeira série do ensino básico, podendo ser considerados analfabetos.

Andrea D'Amato / Editora Abril

O turismo tem sido uma das principais formas de diversificação das atividades econômicas no meio rural. Isso tem colaborado para fixar a população no campo, criando expectativa da diminuição do êxodo rural nos próximos anos. Hotel fazenda em Conservatória (RJ).

Todas essas mudanças estariam provocando o final do êxodo rural? Ainda não. O último recenseamento geral do Brasil, feito em 2000, mostrou que continua a ocorrer intensa migração rural-urbana: a população rural caiu de 32% do total nacional em 1980 para 24,5% em 1991 e 18,8% em 2000. Inversamente, a população urbana do Brasil cresceu de 68% do total em 1980 para 75,5% em 1991 e 81,2% em 2000. Além desse declínio relativo, ocorreu ainda uma diminuição absoluta da população rural, como vimos.

É bastante provável, porém, que a migração rural-urbana diminua e até mesmo se torne insignificante nas próximas décadas. Mesmo porque estamos atingindo os 85% de população urbana e é difícil imaginar que um país com território tão extenso como o nosso — no qual existem bons solos agricultáveis e excelentes condições para a agropecuária — vá chegar ao extremo de ter menos de 15% de sua população vivendo no campo.

Países com enormes territórios e forte vocação agrícola, como a Austrália e os Estados Unidos, que se industrializaram e modernizaram, ainda hoje possuem no mínimo 15% de sua população vivendo no meio rural (Austrália, 15%; Estados Unidos, 22%).

BRASIL: UM HISTÓRICO DE DEPENDÊNCIA

Desde a época colonial, a economia que aqui se desenvolveu depende dos grandes centros econômicos mundiais. A agricultura, por exemplo, foi organizada para atender a demanda do mercado externo. Mesmo após a independência, as relações comerciais, tecnológicas e financeiras com os países economicamente desenvolvidos quase sempre foram desvantajosas para o Brasil, caracterizando uma situação de subordinação em relação ao exterior.

A colonização portuguesa na América se desenvolveu distante da ideia de construir aqui uma nação ou mesmo uma sociedade justa. O colono, em geral, pretendia retornar à sua terra de origem. Produzia mercadoria para enriquecer a metrópole e não a sociedade local, usando o trabalho compulsório ou escravo.

Essa tradição marcou o Brasil. Mesmo após a abolição da escravatura, os empregadores em geral, especialmente no campo, se recusavam a tratar os empregados de forma digna. Ainda nos dias de hoje, o país é considerado pelas organizações internacionais de defesa dos direitos humanos um dos poucos do mundo em que persistem trabalhadores que vivem em condições semelhantes às de escravos.

Volkswagen / Divulgação

A partir dos anos 1950, o Brasil iniciou intenso processo de industrialização, que não resultou na melhoria das condições de vida da maior parte da população — ao contrário, acentuou as desigualdades sociais. Na imagem, o presidente JK inaugura uma montadora de automóveis no estado de São Paulo, 1959.

Uma comparação com os Estados Unidos pode elucidar melhor a situação. Quando as elites econômicas brasileiras perceberam em meados do século XIX que a escravidão era uma instituição com os dias contados, a primeira atitude foi viabilizar a Lei de Terras, que entrou em vigor em 1850. Ela estabelecia que a terra, mesmo aquela considerada devoluta (sem dono), não poderia ser registrada como propriedade de alguém a não ser por meio da compra. O mecanismo impediu pessoas pobres, ex-escravos e imigrantes de se apropriarem de um pedaço de terra para cultivar e garantir a sobrevivência.

Nos Estados Unidos, ao contrário, qualquer família de imigrantes podia apropriar-se de terras devolutas para nelas trabalhar. A situação possibilitou a formação de um meio rural no qual até hoje predominam as propriedades familiares, o que é considerado pelos estudiosos uma das principais razões de a agricultura norte-americana ser a mais importante do mundo.

Inúmeras pesquisas mostram que, nos municípios onde predominam as propriedades familiares, as condições de vida local são sempre superiores à daqueles municípios em que predominam as imensas propriedades rurais. Em geral, nestes locais, paga-se mal aos trabalhadores e não existe interesse pelas condições sociais ou culturais.

A situação de dependência e subdesenvolvimento agravou-se ainda mais de meados dos anos 1960 em diante. A partir desse momento, o Brasil conheceu enorme avanço industrial, que infelizmente foi selvagem e diferente daquele que ocorreu nos países desenvolvidos e em alguns subdesenvolvidos, como a Coreia do Sul.

Nesses lugares, o desenvolvimento industrial foi acompanhado por gradativa melhoria na distribuição social da renda. O fato possibilitou que a maioria da população se tornasse consumidora de produtos como automóveis e produtos eletrônicos variados.

No Brasil, por sua vez, ocorreu piora na distribuição de renda. Resultado: entre as elites ampliou-se o consumo supérfluo, enquanto grande parcela da população sofria com a perda relativa ou absoluta de renda. Em síntese, o crescimento brasileiro ocorreu à custa do crescente endividamento externo e do empobrecimento gradativo da população.

A concentração da riqueza, problema constante de nosso país, acabou por se acentuar ainda mais: os poucos que tinham posses ficaram ainda mais ricos e a imensa massa de despossuídos ficou ainda mais pobre. Em 1960, a parcela dos 10% mais ricos usufruía de 39,6% do total da renda nacional; em 2000, esse índice era de 47,6%.

Do lado dos pobres, a situação é totalmente inversa: em 1960, 60% da população de baixa renda do país detinha 23,4% da renda nacional; em 2000, usufruíam apenas de 18% desse total (veja o gráfico).

A título de comparação, na Coreia do Sul os 10% mais ricos detinham 27,5% da renda nacional em 1970 e somente 24% em 2000 — os 60% mais pobres, por sua vez, controlavam 32,3% da renda nacional, em 1970, e 37,8% em 2000. Na França, os 10% mais ricos possuíam 30,5% em 1970 e 24,9% em 2000 — e os 60% mais pobres 32,4% em 1970 e 37% em 2000. Assim, nesses países, ao contrário do que ocorreu no Brasil, houve uma melhoria na distribuição social da renda nacional.

Distribuição da riqueza no Brasil (1960-2000)

Camadas da população	1960	1980	2000
Os 10% mais ricos	39,6%	46,2%	47,6%
Os 30% intermediários	37,0%	35,0%	34,4%
Os 60% mais pobres	23,4%	18,8%	18,0%

Fonte: IBGE. Recenseamento Geral, 1960 / Banco Mundial. *World Development Report*, 2002.

UM IMENSO EXÉRCITO DE RESERVA

Para compreender melhor o processo de industrialização e urbanização do Brasil é importante analisar alguns aspectos do capitalismo. Uma de suas características básicas é a existência constante de uma espécie de *exército de reserva* de trabalhadores. Trata-se de uma massa de desempregados ou subempregados, que podem ser contratados nos períodos de crescimento econômico e demitidos nas épocas de crise ou baixa produtividade.

A existência dessa massa de trabalhadores acaba pressionando para baixo os níveis salariais, devido à grande competição entre os empregados por um posto de serviço. No Brasil, esse exército de reserva chega a ser enorme, sobretudo nos períodos de crise. Para se ter uma ideia, segundo o Dieese (Departamento Intersindical de Estatística e Estudos Sócio-Econômicos) a taxa de desemprego em São Paulo, a maior região metropolitana do país, era de cerca de 12% em 1985; em 2002, esse mesmo índice atingia a casa dos 19%.

Em países desenvolvidos, como Inglaterra, França, Estados Unidos e Suécia, o exército de reserva não é excessivo. Nesses lugares, as lutas e os movimentos populares, especialmente trabalhistas, que existem de forma intensa há mais de cem anos, conseguiram a união dos trabalhadores em torno de seus direitos básicos. Inúmeras conquistas foram assim alcançadas. Os salários são razoáveis, suficientes para uma boa alimentação, moradia, transporte e educação. Os desempregados possuem certos direitos, como assistência médica gratuita e seguro-desemprego.

Mesmo após alguns governos conservadores ou neoliberais nos últimos anos, que procuraram tirar parte das conquistas dos trabalhadores, ainda existem nesses países garantias e assistências que nunca conhecemos no Brasil.

Além do imenso exército de reserva, no Brasil foi constante a repressão aos movimentos populares, o que impossibilitou a concretização das reivindicações desses segmentos sociais, sobretudo em períodos ditatoriais, como o do regime militar (1964 e 1984).

O que predomina de forma absoluta no país são os interesses empresariais e da elite, além de um crescimento econômico obtido à custa da superexploração dos trabalhadores. Trata-se de um capitalismo dependente, que produz uma urbanização problemática, com o amontoamento de grupos de migrantes em grandes cidades carentes de infraestrutura, de habitações, de empregos, de qualquer assistência médica e social.

O crescimento industrial no Brasil foi tardio em relação a países desenvolvidos como Estados Unidos, Alemanha e Inglaterra. Este último liderou o processo de industrialização no mundo a partir de meados do século XVIII, com a chamada *Revolução Industrial*. No Brasil, por sua vez, a grande aceleração na atividade industrial só começou no século XX, tendo impulso definitivo a partir dos anos 1950.

A aceleração desse processo gerou diversos problemas concentrados, entre eles o crescimento rápido das cidades, sem que estas adquirissem infraestrutura suficiente para acomodar tamanha quantidade de pessoas. O mesmo aconteceu em muitos dos países pioneiros na industrialização. No século XIX, cidades como Londres e Paris eram caóticas, sem moradias ou vias de circulação adequadas à nova vida urbana que então se configurava.

Outra situação que surgiu com a industrialização nos países pioneiros foi a dispensa de trabalhadores devido ao uso de máquinas. A situação provocou inclusive a manifestação de vários movimentos populares na Inglaterra que percorriam os lugares industriais destruindo as máquinas – como os *ludittas*.

Podemos concluir assim que a industrialização no Brasil, bem como a urbanização que a acompanha, apresenta diversas semelhanças com o que ocorreu em outros países hoje desenvolvidos. Mas as condições em que esses problemas se apresentam são bem peculiares à nossa realidade.

Niles Andreas / Folha Imagem

Os "carecas" ou neonazistas, também conhecidos por *skinheads*, são grupos minoritários que atribuem aos migrantes a culpa de todos os problemas da sociedade. Na imagem, pichação feita por grupos racistas em uma rádio, cujo perfil era voltado à cultura nordestina, em São Paulo, 1992.

O DESEMPREGO E O SETOR INFORMAL DA ECONOMIA

A intensificação do êxodo rural no Brasil nas décadas de 1980 e 1990 coincidiu com uma fase de sensível aumento nas taxas de desemprego, sobretudo nos grandes centros urbanos. Os dois processos foram concomitantes, mas não existe entre eles uma relação direta, ou seja, um não é a causa ou motivo fundamental para ocorrência do outro.

Como explicar, então, o aumento nas taxas de desemprego? Há quem afirme que isso ocorre principalmente devido às migrações internas, com o deslocamento de pessoas do campo para os grandes centros urbanos. Essa interpretação é, no entanto, completamente equivocada. E tem como consequência a hostilização de determinados grupos racistas, como os "carecas" ou neonazistas, que culpam os migrantes (em especial aqueles oriundos das áreas ou regiões mais pobres) pelo aumento do desemprego e pelos demais problemas sociais que se multiplicaram nesse período: violência, criminalidade, falta de moradia, trânsito intenso de veículos etc.

Sob o argumento de que os migrantes pertencem a uma "raça inferior", muitas vezes esses grupos cometem atos violentos e agressões contra nordestinos, negros, indígenas, homossexuais etc., alegando que suas vítimas deveriam desaparecer ou voltar para a terra de origem. Esquecem, porém, que também fazem parte de um contingente migrante, pois, via de regra, seus pais ou avós – e até eles próprios – vieram de outras regiões, inclusive do meio rural.

Para não incorrer em argumentos equivocados, é importante observar que o desemprego e a falta de moradia, além da violência, atingem não apenas a população branca, mas também os nordestinos, os afro-brasileiros, os indígenas e seus descendentes. Isso quer dizer que os "brancos" não perdem necessariamente seu emprego para os demais. As causas do aumento do desemprego são outras.

Em primeiro lugar, há a crise econômica que o Brasil atravessa desde os anos 1980. Para haver geração de um grande número de novos empregos é necessário que a economia cresça, e que as indústrias, o comércio, os serviços e a agricultura produzam mais e, assim, empreguem um número cada vez maior de mão de obra. Esse crescimento tem que ser, no entanto, bem maior que o crescimento da população (demográfico), pois ele deve incorporar as novas gerações ao mercado de trabalho. De 1980 a 1991, a população brasileira cresceu a um ritmo de 1,9%, e de 1991 a 2000, cresceu em 1,63%, o que significa que a economia deveria se expandir a uma taxa superior a 3% ao ano para gerar empregos para essa crescente força de trabalho. Mas isso não ocorreu nessas décadas, nas quais a economia do país cresceu muito pouco – menos de 2% ao ano em média, sendo que em alguns anos ela chegou até a regredir ou ficar estagnada.

Em segundo lugar, a atual situação de desemprego também é resultado das inovações tecnológicas, que se iniciou em meados dos anos 1970 nos Estados Unidos, na Alemanha, no Japão e em alguns outros países desenvolvidos, tendo logo em seguida se espalhado, pelo menos parcialmente, para quase que todo o mundo.

Esse desenvolvimento industrial – baseado em outros setores de vanguarda, não mais a indústria automobilística e a petroquímica, como anteriormente, e sim a informática, a robótica (fabricação de robôs), a microeletrônica e as telecomunicações – emprega bem menos gente do que costumava acontecer antes. Os computadores e os robôs, ou máquinas "inteligentes" (controladas por *softwares* ou *chips* de computadores), realizam uma boa parte do trabalho que era feito por mão de obra humana. Na indústria, especialmente, ocorre um enorme esvaziamento dos postos de serviço e o mesmo ocorre no setor bancário e em escritórios. Na agricultura esse processo já vinha ocorrendo, embora sem os robôs, mas com o uso cada vez mais intenso de modernos equipamentos. Em vez de pintores industriais, soldistas, torneiros mecânicos, ferramenteiros, arquivistas, bancários e escriturários, por exemplo, há hoje um número cada vez maior de robôs ou máquinas "inteligentes" que executam habilmente os mesmos serviços e assim substituem centenas e até milhares de empregados. Só para mencionar um exemplo, a fábrica da Volkswagen em São Bernardo do Campo, na grande São Paulo, empregava mais de 40 mil funcionários nos anos 1970, sendo que hoje, embora fabrique um número muito maior de automóveis, emprega apenas cerca de 12 mil funcionários.

Sérgio Berezovsky / Editora Abril

O desenvolvimento de novas tecnologias, como robôs e máquinas inteligentes, foi responsável pela queda da oferta de emprego em muitos setores da economia, como a indústria automobilística.

Esse aumento de desemprego ocasionado pelo uso de novas tecnologias não é uma característica apenas do Brasil e sim de quase todo o mundo: as taxas de desemprego aumentaram bastante nas últimas décadas em várias economias. Na Espanha, por exemplo, o desemprego é de mais de 20% da população economicamente ativa, na Argentina de 16%, na França e na Bélgica 13%, no Brasil de 9%, nos Estados Unidos e no Japão pouco menos de 5%.

O que acontece no Brasil é que esse processo coincidiu com a aceleração do êxodo rural, produzido pela mecanização do campo e pela concentração da propriedade fundiária, ocasionando o deslocamento de milhões de pessoas para os médios e grandes centros urbanos.

As mudanças no mercado de trabalho acabaram por suscitar uma enorme expansão da chamada economia informal. Calcula-se que nos dias de hoje 60% dos trabalhadores brasileiros vivem na informalidade, ou seja, não possuem carteira profissional assinada e não contribuem para a previdência social, o INSS. E essa percentagem tende a aumentar cada vez mais: uma pesquisa feita na Grande São Paulo, em 2003, mostrou que para cada cem novos postos de trabalho criados, 77 eram na informalidade.

As principais atividades do trabalho informal urbano são o emprego em pequenas e médias empresas sem vínculo formal (isto é, sem o registro em carteira), o trabalho por conta própria (pequeno comércio sem legalização, comércio ambulante ou camelôs, prestadores de serviços sem nenhum vínculo empregatício etc.) e os empregados domésticos sem registro.

É no meio urbano que a informalidade mais se expande, embora exista há muito tempo também no campo, devido aos trabalhadores temporários ou sem vínculo formal, tais como os peões e boias-frias.

Pulsar

Absorvendo grande parte da mão de obra desempregada, o comércio informal representa hoje uma parcela considerável da economia brasileira.

Outro fator, embora polêmico, que explica o aumento nas taxas de informalidade é a dificuldade que as pequenas e médias empresas enfrentam para arcar com as despesas tributárias. O grande número de impostos a serem pagos muitas vezes inviabiliza a formalização da atividade.

A situação pode ser mais facilmente enfrentada pelas grandes empresas, que empregam centenas ou milhares de funcionários e têm enorme faturamento. Para as empresas de pequeno e médio porte, entretanto, que representam cerca de 80% de todos os trabalhadores do comércio e dos serviços, o montante de impostos a serem pagos é excessivo e prejudica a competitividade.

Muitos especialistas afirmam que seria esse o motivo para que a economia dos Estados Unidos – que conheceu mudanças tecnológicas maiores do que o restante do mundo e cresceu muito pouco nos anos 1970 e 1980 — possua uma baixa taxa de desemprego há várias décadas. Lá existem poucas exigências burocráticas para contratar ou demitir empregados e os impostos e taxas a serem pagos pelo empregador são mínimos.

Além disso, há quem argumente que existem duas formas principais de combater o desemprego e a crescente informalidade, embora não sejam soluções de curto prazo: a primeira seria um intenso crescimento econômico, algo superior a 5% ao ano mas extremamente difícil de ser mantido por várias décadas, o que seria necessário para absorver os milhões de desempregados já existentes; e a segunda forma seria o investimento na educação, com vistas a aumentar a escolaridade média dos trabalhadores e sua qualificação profissional. A maioria dos desempregados conta com baixa escolaridade, em especial aqueles que trabalhavam com práticas manuais ou em linhas de produção. Existe, entretanto, a criação de novas oportunidades para uma força de trabalho mais qualificada, sobretudo em setores da cultura, do turismo, da própria educação e de serviços.

As metrópoles brasileiras: poucos ricos, muitos pobres

As cidades brasileiras, especialmente as metrópoles, apresentam multidões de subempregados, vendedores ambulantes, guardadores e lavadores de carros, camelôs, prostitutas, crianças abandonadas e mendigos.

Alguns pesquisadores costumam citar essa população excluída para argumentar que a urbanização no país não está relacionada à industrialização. Do seu ponto de vista, o setor secundário, isto é, o setor industrial, não emprega tantos trabalhadores quanto o setor terciário (comércio, bancos, educação, saúde, repartições públicas), que cresceu nas últimas décadas no país, tornando-se hipertrofiado (inchado).

Argumentam, assim, que as cidades teriam sido infladas, sobretudo, pelas atividades de serviços. Esse argumento, porém, apresenta problemas: o intenso crescimento do setor terciário é um fato, mas ele não ocorre de forma desvinculada do tipo de industrialização que se desenvolveu no Brasil.

O grande número de pessoas voltadas ao comércio formal ou informal (ambulantes, camelôs, vendedores em semáforos etc.), por exemplo, está ligado aos interesses do setor industrial: em geral, essas pessoas comercializam bens manufaturados, como roupas, perfumes, relógios, canetas, rádios, livros, flanelas e acessórios para automóveis, dentre outros.

Delfim Martins / Pulsar

Os moradores das grandes cidades se defrontam diariamente com a ocupação desordenada do espaço urbano. Sem contar com espaços para o lazer, as crianças são as que mais sofrem com isso.

Juca Martins / Pulsar

No bairro pobre dos arredores da cidade de São Paulo, podemos ver as moradias construídas pelos próprios moradores, quase todas ainda inacabadas.

Vale lembrar ainda uma das características importantes do desenvolvimento do capitalismo no Brasil: a formação do imenso exército de reserva, com o consequente uso maciço de trabalhadores mal remunerados para atividades nas quais a especialização e a mecanização podem ser deixadas de lado, pois exigiriam vultosos investimentos. É evidente, assim, que o fenômeno da urbanização no Brasil está ligado à industrialização.

A cidade, em geral, não é construída para o cidadão, o morador, o habitante. Ao contrário, ela é permanentemente erigida para a consolidação do capital, do lucro, dos negócios. Os migrantes recém-chegados do campo, por exemplo, amontoam-se nas grandes cidades e têm de buscar suas próprias soluções. Salvo raras exceções, eles não recebem o apoio do Estado ou dos chamados poderes públicos; tampouco encontram um lugar preparado para recebê-los, com oferta de residências, serviços de saúde ou educação etc.

A ação estatal, em geral, está voltada para atender aos interesses das grandes empresas. Os conflitos nas cidades, com isso, multiplicam-se. Podem estourar em atos rotineiros, como no trânsito das metrópoles, que em 2003 chegava a vitimar em São Paulo três motoboys a cada dois dias; e também em movimentos populares organizados, como o dos sem-teto que ocupam terrenos e prédios ociosos como última forma de conquistar a própria moradia.

Ormuzd Alves / Folha Imagem

A mobilização popular pela conquista da casa própria tem resultado em conquistas significativas como os conjuntos habitacionais construídos em mutirão na zona leste de São Paulo, uma das áreas de maior déficit habitacional na cidade.

O movimento dos sem-teto, que nos últimos anos cresce, tem como objetivo reivindicar e exigir o direito de morar, de possuir um lote mínimo de terra para construir sua casa. É uma reivindicação justa e garantida por lei em praticamente todos os países democráticos do mundo. No Brasil, contudo, alguns direitos elementares, como esse, ainda são objetos de polêmicas e conflitos.

Sem uma política pública voltada para a população mais carente, multiplicam-se nas cidades as favelas, os cortiços, as casinhas pobres da periferia. Aliás, essa tem sido uma das soluções encontradas pelas famílias de baixa renda para conseguir uma habitação própria.

Elas compram um pequeno lote de terra na mais longínqua periferia da cidade, em área onde o preço é acessível. Começam a construir suas casas, às vezes, com a ajuda de amigos e utilizando materiais alternativos, como madeira; em outros casos, pouco a pouco, vão comprando o material de construção e terminando a obra. Organizando-se dessa forma conseguem realizar o sonho da casa própria.

ESPAÇOS OCIOSOS E ESPECULAÇÃO IMOBILIÁRIA

A carência de moradias adequadas para a imensa maioria dos trabalhadores poderia ser resolvida com melhor racionalização da cidade. A existência de amplos *espaços ociosos,* os terrenos baldios, é um exemplo típico da forma predatória da ocupação do espaço urbano no país.

De modo geral, as grandes cidades apresentam poucos espaços destinados a moradias populares, sobretudo nas áreas centrais, e caracterizam-se pelos elevados edifícios (crescimento vertical da cidade) e pela constante expansão das periferias (crescimento horizontal da cidade). Além disso, também são comuns as inúmeras áreas vazias que ocorrem no interior da mancha urbana e não são ocupadas por nenhum tipo de construção ou atividade econômica.

Estima-se que cerca de 45% da cidade de São Paulo, por exemplo, é constituída de terrenos ociosos ou vazios. Nos demais centros urbanos do país — Rio de Janeiro, Salvador, Porto Alegre, Belo Horizonte, Recife etc. —, de 40% a 60% da área construída total da cidade, isto é, da mancha urbana, são espaços ociosos. Esse fato é consequência da chamada *especulação imobiliária.*

Tanto para as empresas quanto para os grandes proprietários, a terra é, sobretudo, um meio de negócio, um *bem* monetário. A especulação consiste em uma prática na qual os donos de terreno ociosos esperam uma valorização para comercializar sua terra por preços mais altos. Desse modo, o que se coloca em primeiro lugar é o lucro e não o bem-estar de todos os habitantes da cidade. Em outras palavras, as necessidades sociais por moradias parecem não ter a mínima importância.

Quando as empresas imobiliárias fazem um loteamento na periferia, onde ainda não existem serviços de infraestrutura, é comum elas deixarem uma faixa de terra sem lotear, entre a área que está à venda e o bairro mais próximo.

Certamente, a população que se fixar na área loteada, pessoas de baixa renda, fará reivindicações para que o local seja provido de infraestrutura. Quando isso ocorrer, os serviços passarão pelo espaço ocioso que então será vendido ou loteado, agora por um preço bem superior.

Esse procedimento, que tem como objetivo somente o comércio e o lucro, acaba beneficiando uma minoria de pessoas e prejudicando a imensa maioria. Além disso, restringe ainda o número de moradias, de terrenos para habitações e deixa pela cidade amplos espaços vazios ou ociosos.

Populações de baixa renda amontoam-se em áreas distantes afastadas do seu local de trabalho. Com isso, vão surgindo bairros cada vez mais distantes do centro e nos quais seus moradores são obrigados a gastar mais do que ganham para sobreviver. Aumenta, por exemplo, o gasto com condução e o número de horas necessárias por dia para ir de casa ao serviço e vice-versa.

As más condições dos serviços públicos nessas áreas também é grande. Postos de saúde com atendimento e equipamentos precários, pontos e terminais de ônibus lotados, precário serviço de transporte ferroviário, tudo isso contribui para a

J. L. Bulcão / Tyba

Cartaz anunciando a venda de casas populares, afixado em terreno baldio ocupado por integrantes de movimento dos sem-teto: uma ironia criada pela especulação imobiliária.

insatisfação e o descontentamento da população que, muitas vezes, reage com revolta, depredando o pouco que lhes resta.

Os espaços vazios geram ainda o aumento dos gastos públicos, o que reflete nos serviços voltados ao bem-estar comum. Como parte da população encontra-se espalhada por extensas áreas, governos municipais, estaduais e federais são obrigados a investir cada vez mais na ampliação dos serviços de infraestrutura, buscando suprir a carência dessa população. Se a cidade não tivesse esses espaços vazios, seria possível concentrar os gastos públicos na consolidação dos serviços nas áreas já tradicionalmente habitadas.

A MORADIA POPULAR NAS CIDADES BRASILEIRAS

Quais são as principais formas de moradia popular nas grandes cidades brasileiras? Em geral, elas abrigam os mais pobres, as famílias que ganham até três salários mínimos. Podemos dizer que essas moradias são cortiços, favelas, casinhas construídas pelos próprios moradores ou conjuntos habitacionais populares feitos pelo poder público.

No passado, no final do século XIX e início do XX, existiam as vilas operárias, bairros ou conjuntos de casas construídos por uma fábrica para os seus trabalhadores. Hoje, porém, essa modalidade de habitação popular praticamente não existe mais, inclusive porque não são mais as indústrias que empregam a maior parte das pessoas e sim o chamado setor terciário (comércio e serviços), que em sua maioria é formado por pequenas e médias empresas.

O cortiço é uma forma de habitação popular, precária, que existe no Brasil desde o século XIX. Trata-se de uma residência na qual se amontoam várias famílias, cada uma ocupando um cômodo e todas compartilhando banheiro e áreas comuns. Em geral, é uma habitação com péssimas condições sanitárias e com número excessivo de pessoas em relação ao espaço disponível.

O cortiço foi a principal forma de moradia popular das grandes cidades brasileiras entre o final da escravidão e o início dos anos 1950, quando as favelas e as periferias começaram a se expandir.

Ainda hoje existem — e inclusive se multiplicam — milhões de cortiços nas grandes e médias cidades do Brasil, algumas vezes até mesmo em cidades pequenas.

João Raposo / Editora Abril

Quintal de um cortiço no Brás, cidade de São Paulo (SP).

Em São Paulo, nos anos 1970 e 1980, as casinhas construídas pelos próprios moradores nas periferias tornaram-se mais numerosas do que os cortiços. A situação, porém, vem se invertendo nos últimos anos, devido ao fato de as periferias localizarem-se cada vez mais longe e os transportes coletivos serem precários. A vantagem do cortiço em comparação com as casinhas da periferia — se é que existe vantagem — é a localização mais próxima do local de trabalho; o que representa uma verdadeira economia de tempo e dinheiro gasto com transporte.

As favelas constituem outra modalidade de moradia popular existente nas grandes cidades brasileiras. Elas recebem denominações regionais: alagados, morros, mocambos etc. São barracos ou moradias precárias, construídas em terrenos ociosos ou em áreas consideradas de risco, como morros, manguezais e várzea de rios.

Essas moradias se multiplicaram no século XX nas grandes cidades do país e, durante várias décadas, foram objeto de preconceitos, consideradas redutos de malandros, assal-

A. Parramon / AP Photo

Casas populares construídas na cidade de Bragança Paulista, no interior de São Paulo.

tantes e criminosos em geral. Atualmente, sabe-se que a maioria de seus moradores, como em todas as outras formas de moradia popular, é trabalhador ou desempregado — muitas vezes pessoas inseridas na informalidade.

Sem dúvida, existe criminalidade nas favelas: tráfico de drogas, roubos e violência. Tudo isso, porém, também ocorre no centro das cidades, nos bairros de classe média e nos luxuosos condomínios dos grupos mais abastados.

Atualmente, algumas favelas são exemplos de como uma comunidade pode se auto-organizar e constituir um local mais seguro para seus moradores, com escolas, igrejas, centros comunitários, postos de saúde e áreas de lazer e cultura.

Até 1980, principalmente na época da ditadura militar, as favelas eram vistas por parte da população e pelas autoridades como uma praga a ser removida. Hoje, ao contrário, tirando as áreas de risco intenso, o que predomina é a ideia da urbanização das favelas. Isso significa a implementação de escolas e postos de saúde, asfalto e eletricidade, água encanada e esgotos, policiamento mais eficiente e respeito aos direitos dos cidadãos.

A política consiste em uma atitude democrática e mais eficaz, pois transferir inúmeras famílias para conjuntos habitacionais é mais dispendioso e ao mesmo tempo problemático: as pessoas passam a viver longe do trabalho e dificilmente conseguem pagar as prestações da nova moradia.

A moradia construída pelo próprio morador — fruto do próprio trabalho e da solidariedade de amigos, parentes e vizinhos, em especial nos fins de semana e feriados — é outra modalidade importante de habitação popular nas grandes cidades. Essas moradias, muitas vezes, significam a realização do sonho da casa própria. Só que em geral localizam-se distante do trabalho, o que implica maiores gastos com transporte e a perda de horas com deslocamentos.

Por fim, temos os conjuntos habitacionais construídos pelo poder público, que começaram a ganhar espaço nas últimas décadas. Na época da ditadura militar, por exemplo, foi criado o BNH (Banco Nacional da Habitação), que construiu inúmeros conjuntos habitacionais, em geral destinados à classe média baixa.

Grande parte de seus compradores, porém, após alguns anos, estava endividada, vendo-se obrigada a vender seus imóveis para pessoas com renda superior. Resultado: pouco contribuíram para amenizar o problema da moradia popular no país.

A partir de 1985, com o final da ditadura militar, alguns poucos governos passaram a investir em habitações populares, fosse em busca de uma solução para o problema do déficit populacional, fosse por razões eleitorais (determinados conjuntos habitacionais, muitas vezes com moradias extremamente pequenas e precárias, foram construídos nas margens das rodovias ou vias expressas para serem vistos pelos que transitavam de automóveis ou ônibus).

Em muitos casos, ainda, os conjuntos habitacionais acabaram construídos como resultado da forte pressão exercida pelos movimentos de moradia, que mobilizam milhares de famílias e contam com o apoio de setores organizados da sociedade, como Igreja e ONGs e até mesmo de alguns políticos e por vezes de organismos internacionais, entre eles o Banco Mundial.

Corrigindo o rumo

Nas notícias dos jornais, nos livros e revistas veicula-se com frequência que os problemas rurais e urbanos do Brasil são comuns no capitalismo periférico, isto é, característico de todo país subdesenvolvido. A interpretação, talvez, tenha seu lado de verdade. Os problemas rurais e urbanos, porém, ocorreram e com grande intensidade nos países denominados socialistas, que quase não existem mais nos dias de hoje. É o caso, por exemplo, da Coreia do Norte.

Estão presentes também nos países desenvolvidos, só que neste caso com menor intensidade e características diferentes. Nos Estados Unidos, na Inglaterra e em vários outros países desenvolvidos, por exemplo, a carência de habitações é infinitamente menor do que no Brasil e as famílias de baixa renda recebem ajuda do governo para pagar o aluguel ou para adquirir moradia na cidade.

Mesmo assim, existe o movimento dos chamados *homeless* (o "sem-casa"), que por vezes invadem prédios ou residências desocupados. Alguns dos militantes e líderes desses movimentos, entretanto, agem mais por motivação ideológica do que por razão econômica, para contestar, por exemplo, a propriedade privada ou dar novo uso a antigos prédios.

Com certeza, no Brasil, os problemas resultam das distorções provocadas por um capitalismo que não resolveu as questões socais. A excessiva concentração de renda verificada em nosso país não tem paralelo praticamente em nenhum lugar do mundo — nem sequer na maioria dos países subdesenvolvidos.

Ao verificar, por exemplo, a situação de países em condições semelhantes às do Brasil, com boa base industrial, vamos encontrar os seguintes índices: na Coreia do Sul, os 60% mais pobres da população ficam com 37,8% e os 10% mais ricos com cerca de 24,3% da renda nacional. Até mesmo na Índia, onde há mais de um bilhão de habitantes e muita pobreza, existe maior justiça social que aqui: lá os 60% de renda mais baixa ficam com 34,7% do total e os 10% de renda mais alta com 33,5%.

A situação social do Brasil, como se vê, é realmente peculiar e extremamente negativa para a maioria da população. Não se trata de um exemplo comum no capitalismo, e sim de um modelo econômico específico ou original, fruto da nossa história, que se fundamenta na extrema concentração de renda e de terra, que, consequentemente, gera enorme injustiça social.

Uma alternativa para diminuir as consequências das desigualdades sociais seria o Estado investir no bem-estar social, tal como ocorre em grande parte dos países desenvolvidos, onde se gasta — e em geral de forma eficiente, isto é, com desperdício mínimo e pouca corrupção — em moradias, em subsídios para os agricultores produzirem alimentos para a população, em seguro-desemprego, em assistência médico-hospitalar gratuita e bastante acessível para os cidadãos, em escolas públicas de alto nível etc.

No Brasil, o Estado mostra-se pouco eficiente, sem gastar bem seus recursos e sem consolidar uma tradição de investimentos duradouros na área social. Em geral, tanto o Estado quanto as ações políticas são movidos por interesses eleitorais imediatos. Situação que apenas agrava a condição precária da população de baixa renda, que constitui na realidade a maioria dos brasileiros. As consequências são sérias, como podemos observar pela grave crise que o país atravessa desde o fim dos anos 1970.

Para haver desenvolvimento de fato, é necessário que haja mercado consumidor, o que leva à maior produção de bens e serviços e à modernização das empresas. Apesar do crescimento da população brasileira, o mercado consumidor no país tem se afunilado nos últimos anos. Os ricos possuem tanta riqueza que muitas vezes nem sequer precisam da indústria nacional, pois podem importar sofisticados produtos

Jarbas Oliveira / Folha Imagem

Nos últimos anos, têm-se consolidado diversos programas públicos de redistribuição de renda, geralmente atrelados a uma contrapartida do beneficiário. É o caso, por exemplo, do Bolsa Escola, que paga determinado valor às famílias carentes que mantêm seus filhos na escola. Na imagem, criança com cartão do Bolsa Escola, no município de Caridade (CE), 2002.

estrangeiros. Enquanto isso, a legião de pobres e a classe média de forma geral ficam cada dia com rendas mais baixas e menor poder de consumo, o que compromete a expansão da economia e a melhora da qualidade de vida no país.

Oscar Cabral / Editora Abril

A Favela da Rocinha, no Rio de Janeiro, contrastando com edifícios modernos e luxuosos.

Juca Varella / Folha Imagem

O desenvolvimento da economia capitalista foi responsável pela multiplicação dos contrastes entre pobres e ricos nas grandes cidades brasileiras.

As cidades brasileiras constituem um reflexo desse modelo de desenvolvimento capitalista perverso que ocorre no país. Multiplicam-se os contrastes entre os bairros luxuosos para poucos e os bairros para pobres e periferias com casinhas modestas, que se expandem a cada dia.

Enquanto os ricos têm carros e telefones celulares para cada membro da família, nos bairros pobres quase não existe rede de esgotos e água encanada, faltam transportes e até telefones públicos. De um lado, nos bairros das classes média e alta, há policiamento preventivo, até mesmo realizado por empresas de seguranças particulares; do outro lado, nas periferias, as vítimas da violência se multiplicam.

É certo que a violência se generaliza em todos os recantos das grandes cidades e mesmo das médias, atingindo tanto pessoas ricas quanto pobres. A situação dos grupos menos privilegiados, entretanto, é pior. Entre a população pobre encontra-se a maior parte das vítimas da violência nas grandes cidades. Morrem muito mais jovens vítimas da violência nos bairros pobres do que em regiões de alto poder aquisitivo. Mesmo assim, a população pobre, formada entre outros por favelados, moradores das periferias e crianças que vivem nas ruas, acaba sendo a principal atingida pelos preconceitos gerados pela violência.

Michel Filho / AJB

Os moradores dos lugares mais pobres da cidade são os principais atingidos pela violência. Além de vítimas do tráfico, dos assaltos e das coações, sofrem com a violência da polícia e, sobretudo, com o preconceito que associa pobreza e criminalidade. Na imagem, tropas do Exército participam de ações contra o tráfico no Rio de Janeiro.

Alimentado pela imprensa sensacionalista e o olhar preonceituoso de membros de grupos sociais mais privilegiaos, consolida-se na sociedade a ideia de que "todo favelao é marginal e ladrão". A ideia esconde a origem social e conômica do problema da violência e o transforma em uma uestão espacial — o lugar de moradia. Puro engano!

Essa forma de urbanização, assim, convive com muitas ontradições e conflitos. Milhares de menores abandonados agueiam pelas ruas em busca de comida, de pernoite, de iversão. O trânsito é caótico e violento, com frequentes acientes, atropelamentos e mortes. A violência policial é rotieira, especialmente contra os mais pobres.

A classe alta e mesmo setores da classe média, quando odem, procuram se refugiar em condomínios fechados e rotegidos. Formam-se assim espécies de ilhas no meio do ceano de pobreza e insegurança. Ao mesmo tempo, as faelas e moradias precárias se multiplicam nas cidades.

A visão oficial da classe dominante, porém, deturpa com requência os problemas sociais, apresentando-os como uestão de mentalidade, de etnia, de grupos estigmatizados or traços biológicos ou de local de nascimento e residência. *Dividir para reinar* é o velho ditado que pode ser aplicado nuito bem aos dias de hoje.

Em oposição a essa situação, vem crescendo entre os grupos populares a consciência de que é preciso se organizar, combater esses preconceitos e lutar por melhores condições de trabalho e de moradia. Exemplo disso são os movimentos no campo pela reforma agrária, como o liderado pelo Movimento dos Trabalhadores Rurais Sem Terra (MST) e a Contag (Confederação dos Trabalhadores na Agricultura); e a mobilização dos sem-teto nos grandes centros urbanos, ocupando espaços ociosos nas cidades em nome do direito à moradia.

Como o Estado não se preocupa em intermediar na sociedade uma solução para problemas como a moradia popular, as condições de transporte dos trabalhadores e o abastecimento alimentar, multiplicam-se entre a população fórmulas e estratégias de lutas. As ocupações dos espaços vazios dentro das cidades, por exemplo, constituem uma estratégia de luta para chamar a atenção de toda a sociedade para o problema da moradia, da necessidade de se encontrar um lugar para morar — direito garantido por lei a todos. Trata-se de uma forma para pressionar o governo a cumprir seu papel, ou seja, garantir os direitos de cada cidadão.

A ação de setores da Igreja e de alguns poucos grupos e partidos políticos, que se colocam a favor dos grupos populares, também tem contribuído nesse processo de organização, de tomada de consciência e de luta por um mundo melhor. Oxalá, o futuro de nossas cidades e de nossa população seja bem melhor!

Frederic Jean / Editora Abril

As grandes cidades podem ser um lugar agradável para o convívio de todos. Muitos de seus pontos mostram essa possibilidade. É o caso, por exemplo, do Parque do Ibirapuera, mostrado na imagem acima.

Juca Martins / Pulsar

A mobilização e organização de moradores, sobretudo os mais pobres e principais atingidos pelas mazelas dos grandes centros urbanos, é fundamental à conquista de condições mais dignas de sobrevivência nos grandes centros urbanos. A imagem acima mostra um mutirão organizado por moradores de Socorro, no interior de São Paulo.

O cinema e a cidade

O êxodo rural e o crescimento das cidades brasileiras não passaram despercebidos a nossos artistas, escritores e cineastas. Muitos deles utilizaram suas obras para retratar as consequências desse movimento sobre a vida da população.

Registraram, assim, o crescimento desordenado das metrópoles, o aumento dos contrastes sociais, do desemprego e da violência. A seguir, são apresentadas algumas produções cinematográficas que têm como tema central o êxodo rural e suas consequências no cotidiano das grandes cidades brasileiras.

CENTRAL DO BRASIL

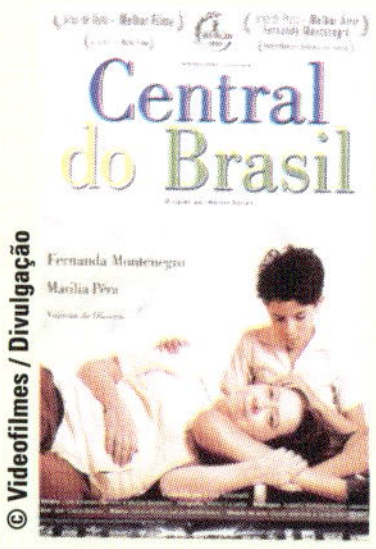

© Videofilmes / Divulgação

FICHA TÉCNICA
Título original: Central do Brasil
Gênero: Drama **Tempo de duração:** 112 minutos
Ano de lançamento (Brasil): 1998
Site oficial: www.centraldobrasil.com.br
Estúdio: Videofilmes **Distribuição:** Sony Pictures Classics
Direção: Walter Salles **Elenco:** Fernanda Montenegro, Vinícius de Oliveira, Marília Pêra, Othon Bastos, Matheus Nachtergaele, Sôia Lira, Otávio Augusto, Caio Junqueira

Sinopse: Dora (Fernanda Montenegro) escreve cartas para analfabetos na Central do Brasil, a maior estação de trens do Rio de Janeiro. Ela cobra para redigir e remeter as cartas, porém nunca as envia e ainda se apropria da história e da intimidade daqueles que nela confiam. Uma de suas clientes é Ana (Sôia Lira), que sempre lhe pede para escrever cartas a seu marido e vem acompanhada do filho, Josué (Vinícius de Oliveira), que sonha em conhecer o pai. Numa dessas consultas, Ana é atropelada na saída da estação e morre. Com a morte da mãe, o menino fica abandonado. Dora acaba por acolher o garoto e, mesmo a contragosto, resolve levá-lo para o interior do nordeste, à procura do pai. Começa então uma fascinante viagem rumo ao coração do Brasil.

© Videofilmes / Divulgação

Ao ouvir os relatos e escrever as cartas, Dora se depara com um Brasil migrante que, apesar da distância, tenta manter os laços com seus parentes, sua terra, seu passado. Fernanda Montenegro – que fez o papel de Dora – conta que, durante as filmagens, houve quem se aproximasse dela na Central do Brasil com a expectativa de que ela realmente escrevesse cartas.

A história de *Central do Brasil* retrata com emoção as angústias e os anseios de milhares de brasileiros que, vindos especialmente das regiões mais pobres do Norte e Nordeste, chegam às grandes cidades em busca de melhores condições de vida. A viagem de Josué, no entanto, inverte esse eixo de migração norte-sul, levando-nos a conhecer um Brasil agreste e endurecido, um ambiente muito diferente daquele que se costuma ver nas cidades grandes.

© Videofilmes / Divulgação

Central do Brasil nos permite comparar diversas realidades e chegar a um Brasil cuja capacidade de sobrevivência nos intriga e, ao mesmo tempo, nos comove. Ao viajarmos com Dora e Josué, nos deparamos com diferentes paisagens naturais, pessoas e culturas; chegamos ao Brasil da seca, mas também do afeto e da solidariedade.

CIDADE DE DEUS

© 02 Filmes / Divulgação

FICHA TÉCNICA
Título original: Cidade de Deus
Gênero: Drama **Tempo de duração:** 135 minutos
Ano de lançamento (Brasil): 2002
Site oficial: www.cidadededeus.com.br
Produção: 02 Filmes e Videofilmes **Distribuição:** Lumière/Miramax Films
Direção: Fernando Meirelles **Elenco:** Matheus Nachtergaele, Alexandre Rodrigues, Leandro Firmino da Hora, Douglas Silva, Roberta Rodrigues, Phellipe Haagensen, Jonathan Haagensen, Graziella Moretto

Sinopse: Baseado no romance homônimo de Paulo Lins (publicado em 1997), o filme conta a história de Cidade de Deus, uma favela que se formou nos anos 1960 e tornou-se um dos lugares mais perigosos do Rio de Janeiro na década de 1980.
Buscapé (Alexandre Rodrigues), um menino pobre, negro e muito sensível, relata o dia a dia do lugar, destacando acontecimentos da vida de diversos personagens que dividem com ele o mesmo universo. Dadinho, Cabeleira, Zé Pequeno, Sandro "Cenoura", Mané Galinha também fazem parte de um enredo de mortes, assaltos, drogas e muita malandragem.

Grande parte do elenco de *Cidade de Deus* foi escolhida entre garotos de diversas comunidades e favelas do Rio de Janeiro; pessoas que nunca haviam desempenhado um papel como ator. Foi assim que estes personagens, pinçados da vida real, trouxeram realismo e verdade para a tela do cinema.

Barracos e moradias precárias formam Cidade de Deus – favela que é a verdadeira protagonista do filme. Histórias que se entrelaçam e se cruzam trazem à tona a vida de personagens que realmente existiram no Rio de Janeiro. São relatos de amor, humor, luta e sobrevivência que, em meio à agitação e ao movimento próprios da cidade grande, revelam ao expectador um universo paralelo.

Cabeleira (Jonathan Haagensen), Alicate (Jefechander Suplino) e Marreco (Renato de Souza) formam o Trio Ternura, um grupo de bandidos que vive num conjunto habitacional na zona oeste no final dos anos 1960, muito antes da chegada do tráfico de drogas no Rio de Janeiro. Eles são o prenúncio da malandragem que dominaria os morros cariocas na década de 1980.

O CAMINHO DAS NUVENS

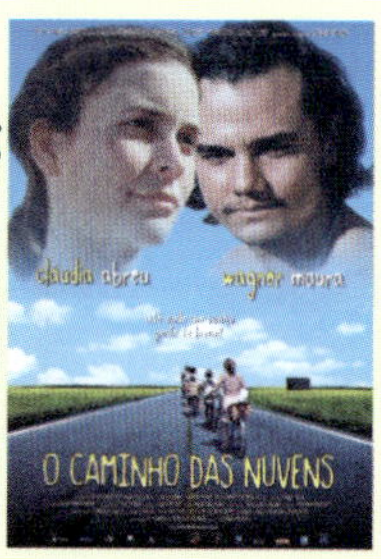

FICHA TÉCNICA

Título original: O caminho das nuvens

Gênero: Drama **Tempo de duração:** 100 minutos

Ano de lançamento (Brasil): 2003

Site oficial: www.ocaminhodasnuvens.com.br

Distribuição: Buena Vista International

Direção: Vicente Amorim **Elenco:** Wagner Moura, Cláudia Abreu, Ravi Ramos, Sidney Magal

Sinopse: Romão (Wagner Moura) – caminhoneiro desempregado, analfabeto – tem dificuldades de conseguir um emprego para sustentar sua mulher, Rose (Cláudia Abreu), e seus cinco filhos. Ele decide então sair de Santa Rita, na Paraíba, em busca de um lugar onde possa arranjar um emprego em que ganhe "mil real". Cheio de sonhos, parte de bicicleta com sua família numa marcha de 3.200 quilômetros, enfrentando fome, calor, cansaço e violência em toda a sorte das estradas.

Durante o caminho, Romão recusa propostas modestas de trabalho, pois acredita que não deve aceitar nada por menos de mil reais. Enquanto isso, sua mulher e seus filhos fazem apresentações musicais ou pedem esmolas para garantir o sustento da família. Sem abater-se pela dura realidade que os cerca, os personagens nunca perdem a fé e a esperança de alcançar o sonho de uma vida melhor na cidade grande.

© Buena Vista International / Divulgação

Ao mostrar a saga de uma família que cruza os estados brasileiros sobre bicicletas, *O caminho das nuvens* reproduz a história real de Cícero Ferreira Dias, caminhoneiro desempregado que, junto com sua família, pedala desde Santa Rita, na Paraíba, até Bangu, no Rio de Janeiro. São retirantes que viveram uma arriscada jornada de 3 200 quilômetros.

O caminho das nuvens nos propõe a reflexão: até onde um sonho pode nos levar? Para Romão e sua família, o sonho os arrastou Brasil afora, rumo ao chamado Sul Maravilha. Ao deixarem sua terra natal, o cansaço, a frustração e a tristeza cederam lugar à fantasia de uma vida melhor. Muitas vezes acalentadas por notícias de alguém que conseguiu se fixar e se dar bem numa metrópole, não é raro pessoas criarem em seu imaginário a ilusão da cidade grande como o mundo das coisas possíveis.

O filme retrata belas paisagens e ainda revela o lado desconhecido de estradas quase desertas e de pequenas e pobres cidades do sertão nordestino. As paisagens do sertão foram filmadas em Juazeiro do Norte e arredores e nas cidades de Porto Seguro.

© Buena Vista International / Divulgação

O êxodo rural e a urbanização em números e mapas

O campo

Balanço migratório (1986-1996)

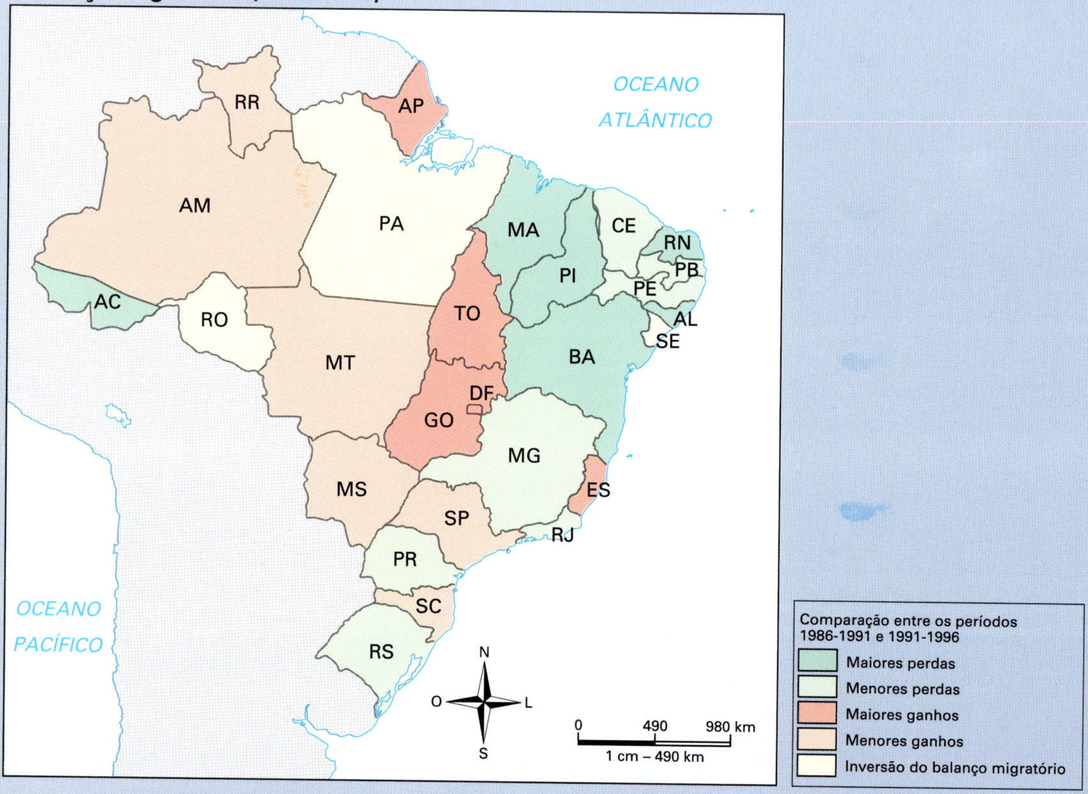

Fonte: IBGE. *Atlas nacional do Brasil*, 2000.

População: perdas e ganhos

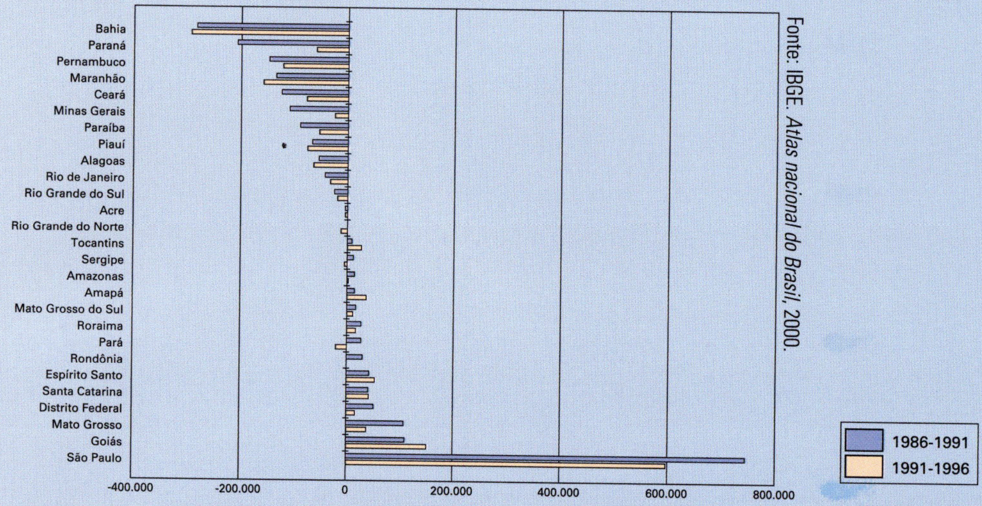

Fonte: IBGE. *Atlas nacional do Brasil*, 2000.

Concentração de terras

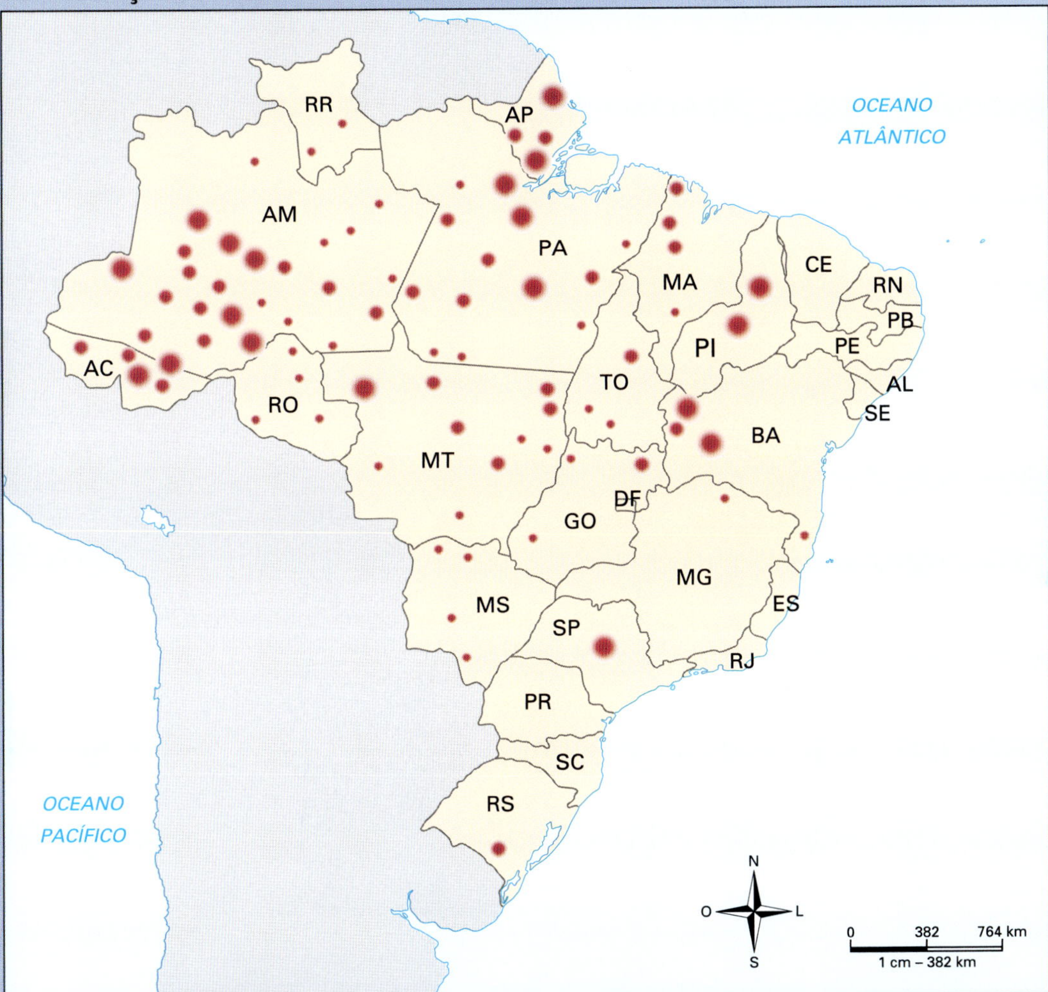

Fonte: Maria Elena Simielli. *Geoatlas*. São Paulo, Ática, p. 93.

SUPERFÍCIE DOS IMÓVEIS RURAIS*
(Localização aproximada do município)

- 10.000 a 100.000 ha
- 100.000 a 700.000 ha
- MAIS DE 700.000 ha

* Levantamento parcial

Uso do território

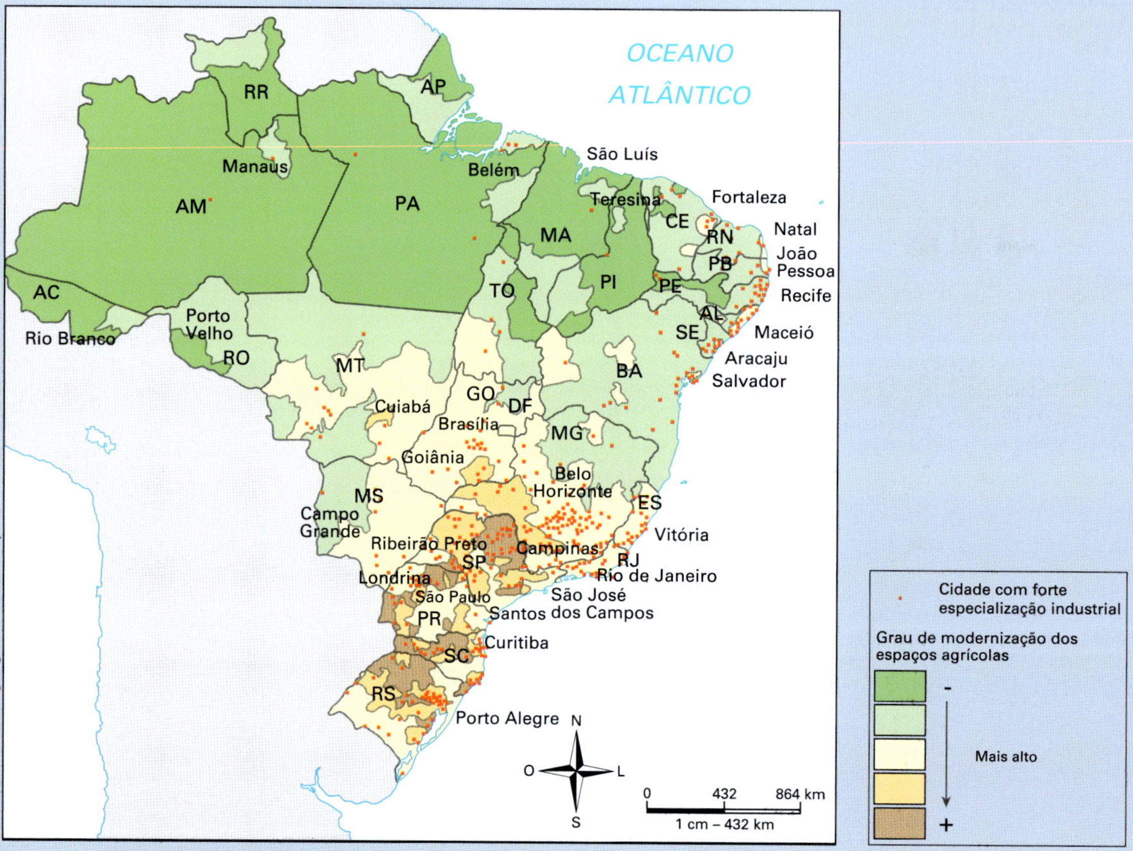

Fonte: IBGE. *Atlas geográfico escolar*, p. 160.

Mecanização do campo
Número de tratores (1950-1996)

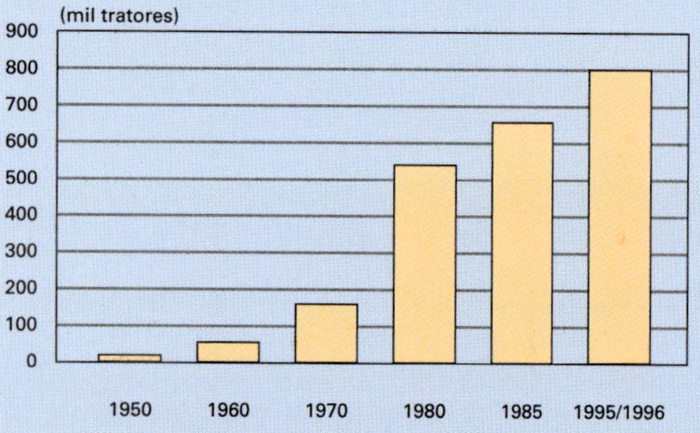

Fonte: IBGE. *Atlas geográfico escolar*, p. 139.

Tratores por unidade da federação (1996)

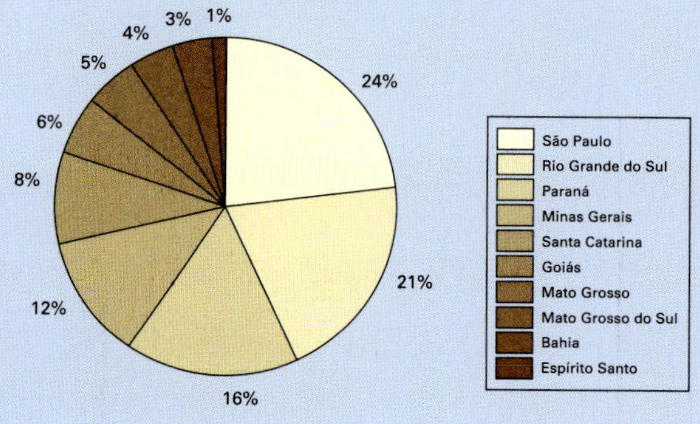

A cidade

Urbanização

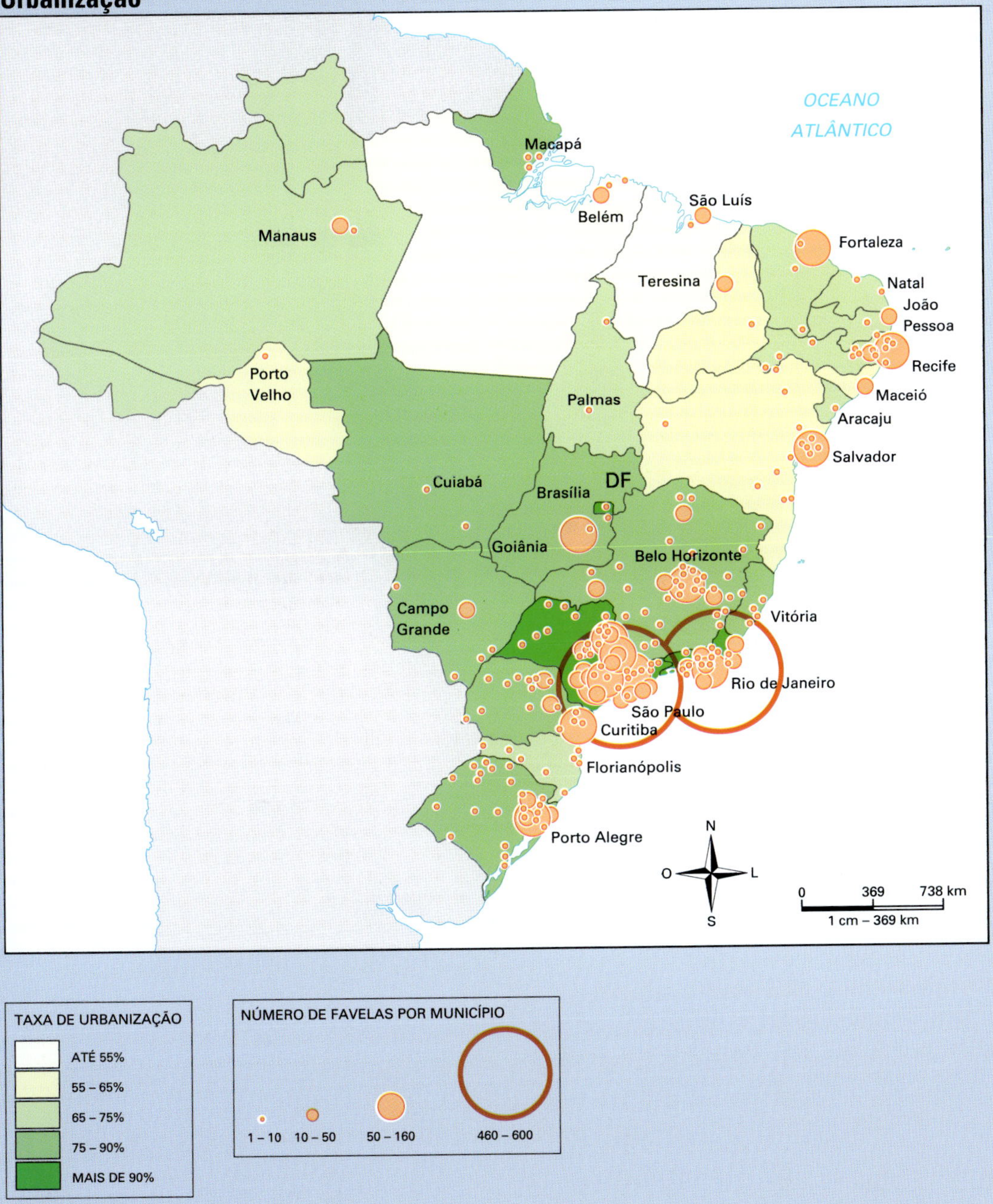

Fonte: Maria Elena Simielli. *Geoatlas.* São Paulo, Ática, 2001, p. 96.

Evolução da população urbana

Fonte: IBGE. *Atlas nacional do Brasil*, 2000.

População urbana
- Até 10.000
- 10.001 a 50.000
- 50.001 a 200.000
- 200.001 a 500.000
- 500.001 a 1.000.000
- Mais de 1.000.000

Evolução da população urbana

Fonte: IBGE. *Atlas nacional do Brasil*, 2000.

Para continuar seu estudo

Livros

- BONDUKI, Nabil. *Origens da habitação social no Brasil*. São Paulo, Estação Liberdade, 2002.
- DURHAM, Eunice R. *A caminho da cidade*. São Paulo, Perspectiva, 1973.
- GOHN, Maria da Glória. *Movimentos sociais e a luta pela moradia*. São Paulo, Loyola, 1991.
- KOVARICK, Lúcio. *Escritos urbanos*. São Paulo, Editora 34, 2000.
  ——. *As lutas sociais e a cidade*. São Paulo, Paz e Terra, 1988.
- MARICATO, Ermínia. *Brasil, cidades. Alternativas para a crise urbana*. Petrópolis, Vozes, 2001.
- MARTINS, Dora; VANALLI, Sônia. *Migrantes*. São Paulo, Contexto, 1994.
- OLIVEIRA, Lúcia L. (Org.). *Cidade: história e desafios*. Rio de Janeiro, FGV, 2002.
- POCHMANN, Márcio. *Outra cidade é possível*. São Paulo, Cortez, 2003.
- RODRIGUES, Arlete M. *A moradia nas cidades brasileiras*. São Paulo, Contexto, 1988.
- SINGER, Paul. *Economia política da urbanização*. São Paulo, Contexto, 1998.
- SOUZA, Marcelo L. de. *Urbanização e desenvolvimento no Brasil atual*. São Paulo, Ática, 1998.
- SPOSITO, Maria Encarnação B. *Capitalismo e urbanização*. São Paulo, Contexto, 1997.

Sites

- Instituto Brasileiro de Geografia e Estatísticas (IBGE)
  www.ibge.gov.br
- Instituto Brasileiro de Administração Municipal
  www.ibam.org.br
- Empresa Paulista de Planejamento Metropolitano S.A.
  www.emplasa.sp.gov.br
- Fundação CIDE — Centro de Informações e Dados do Rio de Janeiro
  www.cide.rj.gov.br
- República Federativa do Brasil
  www.brasil.gov.br
- Ministério das Cidades
  www.cidades.gov.br

Músicas

- "A cidade", de Chico Science. *Da lama ao caos*. Rio de Janeiro, Sony Music, 1994.
- "Cidadão", de Lúcio Barbosa. Zé Geraldo, *Terceiro mundo*. CBS, 1979.
- "Alagados", de Herbert Vianna & Bi Ribeiro & João Barone. Paralamas do Sucesso, *Selvagem?*. Rio de Janeiro, EMI, 1985.
- "Fim de semana no parque", de Mano Brown & Edy Rock. Racionais MC's, *Raio X Brasil*. São Paulo, RDS Fonográfica, 1993.